总第83辑

中国审判指导丛书

执行工作指导

最高人民法院执行局 编

人民法院出版社

图书在版编目（CIP）数据

执行工作指导. 总第83辑 / 最高人民法院执行局编
. — 北京：人民法院出版社，2024.1
（中国审判指导丛书）
ISBN 978-7-5109-3933-4

Ⅰ. ①执… Ⅱ. ①最… Ⅲ. ①法院－执行（法律）－中国 Ⅳ. ①D926.2

中国国家版本馆CIP数据核字(2023)第199491号

执行工作指导　总第83辑
最高人民法院执行局　编

策划编辑	兰丽专
责任编辑	丁塞峨
出版发行	人民法院出版社
地　　址	北京市东城区东交民巷27号（100745）
电　　话	（010）67550656（责任编辑）　67550558（发行部查询）
	65223677（读者服务部）
网　　址	http://www.courtbook.com.cn
E - mail	courtpress@sohu.com
印　　刷	三河市国英印务有限公司
经　　销	新华书店
开　　本	787毫米×1092毫米　1/16
字　　数	203千字
印　　张	13.25
版　　次	2024年1月第1版　2024年1月第1次印刷
书　　号	ISBN 978-7-5109-3933-4
定　　价	68.00元

版权所有　侵权必究

《执行工作指导》
编辑委员会

主任委员 刘贵祥

常务副主任委员 黄文俊

副主任委员 黄金龙　王富博　毛立华　韩　峰

编委会委员 （按姓氏笔画排序）

于　明　马　岚　王丽娟　仲伟珩

向国慧　刘少阳　刘永存　孙建国

孙　超　宋长富　张丽洁　林　莹

姚宝华　郭振华　薛圣海　薛贵忠

执行编委 刘永存　姚宝华

执行编辑 （按姓氏笔画排序）

王宝道　叶　欣　刘丽芳　刘海伟

苏国梁　苏　萌　杜圣杰　李宗诚

杨　云　余　洋　陈海霞　邵成龙

邵夏虹　徐　霖　郭怀希　黄丽娟

盛　强　梁瀚丹　熊劲松　燕东申

薛　晗　魏　丹

执行编务 邵夏虹　增　斌

投稿电子信箱 zhixingcankao@sina.com

《执行工作指导》
特约编辑

杨 越（北京）	蒋亚辉（天津）	刘洪波（河北）
丁 毅（山西）	梁 静（内蒙古）	方宝国（辽宁）
李永秋（吉林）	洛大雨（黑龙江）	钟 明（上海）
朱 嵘（江苏）	危辉星（浙江）	毛 剑（安徽）
谢志洪（福建）	黄建文（江西）	廖伟忠（山东）
刘铁良（河南）	武 星（湖北）	李 波（湖南）
陈明辉（广东）	刘拥建（广西）	胡春城（海南）
李 亮（重庆）	周 磊（四川）	陈永兴（贵州）
袁学红（云南）	谭海波（西藏）	赵合理（陕西）
曹澜平（甘肃）	高 原（青海）	吴 艳（宁夏）
崔文举（新疆）	牛明智（兵团）	

《执行工作指导》
特约通讯员

公 涛（北京）	杨飞跃（天津）	冯小强（河北）
王 玮（山西）	陈志国（内蒙古）	马志鹏（辽宁）
张怀胜（吉林）	姜 雪（黑龙江）	邹 杰（上海）
王 成（江苏）	王 敏（浙江）	曹红军（安徽）
叶聿僚（福建）	卢日久（江西）	苏陶成（山东）
刘 婷（河南）	罗秒珍（湖北）	肖 锭（湖南）
邵 萌（广东）	邓 韵（广西）	胡 娜（海南）
冯 强（重庆）	马学琴（四川）	刘 飞（贵州）
邹轩汉（云南）	次仁旺姆（西藏）	李 旭（陕西）
马兴隆（甘肃）	辛光春（青海）	程绍勇（宁夏）
答诗婕（新疆）	王海龙（兵团）	

目 录

【大法官论坛】

关于当前民商事审判工作的几点思考 …………… 刘贵祥（ 1 ）

【执行局长论坛】

新时代人民法院"执源治理"问题研究
　　………………… 黄文俊　王富博　刘永存　盛　强（ 32 ）
执行语境下刑事裁判涉财产部分执行若干实践境遇及
　　对策建议 ………………………… 毛　剑　李春春（ 45 ）
审执一体化的再思考 …………………… 毛煜焕　聂　庆（ 58 ）

【执行热点前沿】

特定继受情形下执行当事人变更程序刍议 … 刘红兵　曹琼琼（ 64 ）
论对破产程序中担保债权执行机制的重构
　　——以执行与破产程序衔接不畅产生的执行异议
　　案例为视角 …………………………………… 周小辉（ 82 ）
执行机构审查公证债权文书的实现路径
　　——以42份不予执行裁定为视角 …………… 商　上（ 95 ）
没收财产刑执行中到期债权实现路径研究
　　——以到期涉黑放贷债权为例 ……………… 叶聿僚（107）

执行中恶意变更法定代表人现象的应对与规制
　　——基于P法院150份涉企案件的实证分析
………………………………………… 张滨滨　朱梓郡（119）
执行网络直播的价值功能及实践探索 ………… 张　崴（137）

【调研与实证】

信用卡执行案件的实践审视与应对路径
　　——基于江苏法院近年来信用卡执行案件的分析
………………………… 江苏省高级人民法院执行局课题组（146）

【执行管理和信息化专题】

济南法院近四年小标的额执行质效分析 …… 季昱辰　赵守鑫（161）

【最高人民法院案例与解析】

邓某、邓某某、许某某与兴铁一号产业投资基金（有限合伙）等
　执行复议案
　　——人身理财产品强制执行的法律适用 ………… 张丽洁（169）

【地方法院案例与解析】

上海某置业有限公司申请执行上海某实业发展有限公司等
　执行案
　　——拍卖公告瑕疵的问题审视与困境纾解
………………………………………… 蒋　宏　徐毓杰（183）
张某亮与兴瑞华祥控股有限公司股票交易纠纷案
　　——以分拆处置模式为大宗商品处置增效促能
………………………………………………… 方庆富（196）

【执行信箱】

补充赔偿责任人能否向连带责任保证人主张先诉抗辩权 ……（201）

【大法官论坛】

关于当前民商事审判工作的几点思考[*]

刘贵祥[**]

在2023年7月召开的全国大法官研讨会上，张军院长明确要求，各级人民法院要坚持以习近平新时代中国特色社会主义思想为指导，全面贯彻落实党的二十大精神，深入贯彻习近平法治思想，围绕"公正与效率"工作主题，找准司法审判在全面依法治国这场革命中的职责定位，稳中求进、守正创新，做实为大局服务、为人民司法，以审判工作现代化服务保障中国式现代化。民商事审判工作应当如何将大法官研讨班的精神落到实处，需要重点研究探讨以下几个方面的问题。

一、关于强化民商事审判的政治意识问题

近年来，全国法院民商事审判工作在习近平新时代中国特色社会主义思想指引下，围绕"公正与效率"工作主题，坚持"讲政治顾大局、促公正提效率、重自律强队伍"，做深做实为大局服务、为人民司法，推动民商事审判工作在落实中深化、在深化中创新、在创新中发展，取得明显工作成效。

同时，我们要清醒地认识到，当前，我国经济持续回升向好，高质

---

[*] 本文根据作者在中国法学会审判理论研究会民商事审判理论专业委员会第三届商事法律论坛暨2023年年会上的主旨发言稿整理而成，部分内容有增删、修改。本文仅代表个人观点。

[**] 最高人民法院审判委员会副部级专职委员，二级大法官。

量发展稳步推进，但经济运行面临一些新的困难挑战，一些重点领域风险隐患仍然较多，外部环境复杂严峻，不确定性上升。因此，民商事审判工作在化解矛盾纠纷、维护社会稳定、防范化解风险、营造法治化营商环境等方面的任务十分艰巨。仅从商事类案件量看，2018年商事类案件为376余万件，到2022年达到625余万件，5年来案件量几乎翻了一番，全国法院仅2023年上半年就收案342万件[①]，案多人少矛盾仍然十分突出。特别是，新交易、新模式、新业态不断涌现，交易结构日益复杂，交易关系相互嵌套，交易链条明显拉长，导致涉诉纠纷法律关系性质认定困难。多个市场主体相互牵连，涉众型案件多发高发，牵一发而动全身，一些案件一旦处理不当就会严重影响社会合理预期和市场主体信心。与民商事审判工作面临的新形势新任务、人民群众对司法工作的新要求新期待相比，民商事审判的理念，以及民商事审判队伍的政治素质、职业道德素质、业务素质等方面还明显存在不适应、跟不上的问题。例如，还存在党的创新理论武装不到位，把讲政治与讲法治割裂开来，缺乏"从政治上看，从法治上办"的实践意识和能力的问题；存在机械司法、就案办案，"三个效果"顾此失彼，能动司法理念未走深走实的问题。一些干警不善于依法利用证据规则、释明权查明事实真相，不注重实质性化解矛盾纠纷，减轻当事人诉累，而满足于"走程序""走过场"。有些干警在适用法律时，还缺乏对法律精神、立法目的的深刻理解，缺乏对法律体系、历史演进的综合考量，或望文生义，或片面理解，抓住一点不及其余，对法律的适用与社会公众一般认知、与人民群众的朴素公平正义观相悖。一些民商事裁判文书，要么简单武断地得出结论，更谈不上法理情相融合；要么沉迷于长篇大论、自圆其说，而脱离法律真谛、社会现实甚至案件事实，在"头头是道"中迷失司法公平正义之最根本要义。

面对困难与挑战，面对短板与弱项，民商事审判工作必须坚持问题

---

① 最高人民法院统计数据。

导向，强化政治意识，提高政治站位，进一步加强党的创新理论武装，以理论上的高度清醒保持政治上的高度自觉。一是要全面系统深入学习习近平新时代中国特色社会主义思想。在精思细悟中磨砺理论素养，在深学细照中升华思想境界，在知行合一中锤炼党性忠诚，进一步筑牢信仰之基、补足精神之钙、把稳思想之舵，全面提升以马克思主义世界观、方法论分析判断经济社会发展形势以及错综复杂的法律现象的能力和水平，全面提升民商事审判队伍的政治素质、业务素质、职业道德素质，全面提升"从政治上看"的意识和自觉，从"从法治上办"的本领和担当。二是要坚持党的绝对领导。始终把拥护"两个确立"、做到"两个维护"作为最高的政治原则和最根本的政治规矩，落实到民商事审判具体工作、具体职责、具体环节中，确保将党领导的政治优势转化为推进民商事审判现代化的强大效能。民商事审判与经济社会发展息息相关，要真正吃透中央经济工作会议、中央金融工作会议等重要会议的精神，确保民商事审判与党中央的重大决策部署保持高度一致，确保民商事审判不折不扣服务党和国家经济社会发展大局。三是要始终站稳以人民为中心的根本政治立场。把人民利益摆在至高无上的地位，更加自觉地倾听人民群众呼声，更加准确地把握人民群众的司法需求和期待，更加清醒地看到民商事审判与人民群众期待存在的较大差距，以"如我在诉"的司法良知，带着对人民群众的深厚感情和对人民群众的高度责任感，去解决人民群众急难愁盼问题、去办理每一件民商事审判案件，努力让人民群众在每一个司法案件中感受到公平正义，不断厚植党的执政根基。四是要坚持中国特色社会主义法治道路。增强"四个意识"、坚定"四个自信"，彻底甩掉美西方精心打造的所谓"司法独立""三权分立"的思想枷锁和"党大还是法大"的政治陷阱，旗帜鲜明讲政治，以高度的政治自觉激发能动履职的强大动力。在学习借鉴域外法律时，即便是对一些技术性的规范，也要去粗存精，考虑是否存在水土不服的问题，而不应不加辨别地奉为圭臬、照搬照抄。"橘生淮南则为橘，生于淮北则为枳"，必须立足我国具体实际、立足我国的价值共识，去回答民商事审判中的时代之问、中国之问，充满自信地去解决在社会主义市场经济条件下面临的民商法问题。事实上，在推进法治中国建设的进程中，我们有许多成功解决中国法律问题的理论构建和生动实践。例如，在国家是城镇土地唯一所有权人的情况下，通过在法律上创设可以出让及转让的国有土地使用权这一法定物权的方式成功解决了社会主义市场经济条件下土地这一主要市场要素的流转问题，充分体现出了中国人的法律智慧。又如，《中华人民共和国民法典》（以下简称民法典）独立成编而构建的独具中国特色的人格权法学理论体系、法律体系，关于需要审批的合同效力定位、违法合同的界限把握、合同僵局的破除等疑难问题明确的相关规则，亦为世界民法学研究与司法实践发展贡献了中国方案。我们要善于从中国优秀传统文化中吸取养分，立足中国国情，强化使命担当，充满自信地提出具有主体性、原创性的法学理论观点、司法实践观点，逐渐构建起自主的法律话语体系、知识体系。

二、关于民商事审判中的"公正与效率"问题

党的二十大报告要求，"加快建设公正高效权威的社会主义司法制度，努力让人民群众在每一个司法案件中感受到公平正义"。[①] "公正与效率"是人民司法的本职要求和核心价值追求，是人民法院的永恒主题，也是司法权威、司法公信力的基础之所在。如何践行"公正与效率"这一主题？这是一个系统性工程，基于目标导向、问题导向，民商事审判要抓好切入点、着力点和结合点。

（一）驰而不息抓司法廉洁

司法廉洁是司法公正的基石，是公平正义的最基本要求。突破这一底线，司法公正就无从谈起，司法权威、司法公信力就无从谈起。司法不廉，不仅严重损害案件当事人的合法权益，更会损害人民群众对司法

[①] 习近平：《高举中国特色社会主义伟大旗帜 为全面建设社会主义现代化国家而团结奋斗——在中国共产党第二十次全国代表大会上的报告》，人民出版社2022年版，第42页。

工作的信心、信任，侵蚀党的执政根基。在全国法院每年大量的民商事信访案件、申请再审案件中，虽然经再审审查或重新审理后发现存在实质性错误的占比并不高，但仍存在老百姓信访不止、申诉不休的情况，其原因复杂多样，但不可否认的是实践中存在的一些司法不廉、作风不正现象，使人民群众不得不带着怀疑的眼光和不信任的心态去质疑人民法院的司法产品。习近平总书记深刻指出，"要懂得'100-1=0'的道理，一个错案的负面影响足以摧毁九十九个公正裁判积累起来的良好形象"。[①] 司法不廉是公正司法的最大毒瘤，民商事审判必须以坚定的自我革命精神，驰而不息与各种司法不廉现象作斗争，坚决遏制直至消除一切以案谋私、枉法裁判现象，持久保持不敢腐的高压态势；必须严格司法程序、严肃办案纪律，把"三个规定"的严格执行作为防范不法干预、利益勾连的有力抓手，不断完善审判权运行机制、约束机制、监督机制，切实扎紧不能腐的制度机制篱笆；必须加强理想信念、司法良知和职业道德教育，培根固元，将司法不廉作为最大耻辱，把公平正义作为镌刻在法官心中的价值坐标，把"努力让人民群众在每一个司法案件中感受到公平正义"作为矢志不渝的奋斗目标，真正信仰法治、坚守法治，以"不畏人知畏己知"的慎独精神，努力打牢不想腐的思想基础。要以坚定的决心和坚强的毅力，久久为功，在民商事审判领域形成风清气正的良好氛围，以高度的司法廉洁赢得人民群众高度的信任和信心，进而提升民商事审判的公信力和权威性。

（二）坚持实体公正与程序公正相统一

党的十八届四中全会通过的《中共中央关于全面推进依法治国若干重大问题的决定》提出了"三符合、两公正"的客观标准，即事实认定符合客观真相、办案结果符合实体公正、办案过程符合程序公正。实体公正与程序公正相辅相成、密不可分。实体公正是程序公正的目的之所

[①] 2014年1月7日，习近平总书记在中央政法工作会议上的讲话。

在，程序公正是实体公正的重要保证，其本身即蕴含着实体公正的要求。

在民商事审判实践中，要克服两种错误倾向。一是"为走程序而走程序"的"唯程序"倾向。人民群众向法院提起诉讼，归根结底是要得到一个公平公正的实体性裁判结果，而不是来"走程序""走过场"的。离开了追求实体公正的目的，形式主义化地"走程序"，不仅难以保障实体公正，还会出现程序空转、案结事不了问题，徒增当事人诉累。例如，在一些案件中，本可在一个程序中解决的问题，却以"另行提起诉讼"进行"技术处理"；本可引导当事人明确诉求、提出反诉，通过诉的合并一揽子解决纠纷，却无所作为、分案处理。有的法院对于当事人上诉的二审案件，本来可以在查清事实的基础上依法改判，但为避免"自找麻烦"而将案件发回一审法院重审，将矛盾"下推"。表面看，其符合发回重审的程序性规定，但问题在于我国法律并未规定二审不能进行"事实审"，在二审阶段，当具备查明事实的能力和条件时，或者发回一审法院同样面临查清事实的困境时，二审法院应当依法担当，充分发挥二审的程序价值。否则，若仅选择将案件发回重审，将会导致诉讼周期不必要的延长，进而影响到诉讼效率。不可否认，对于一些疑难复杂案件，发回重审可能更有利于查清事实，或更有利于就地以调解方式化解纠纷、解决矛盾，一些严重程序违法以至于影响实体裁判公正性的案件，依法也应发回重审，但"推卸责任式"的发回，是必须要坚决杜绝的。又如，在一起公司代表诉讼中，当事人以公司与相对人恶意串通为由主张公司向关联企业转让子公司股权的行为无效。一种观点认为，虽然该交易不公平，但本案实际是关联交易的正当性问题，当事人诉讼理由错误，应当驳回，让其另诉。这是典型的机械司法！在另一案件中，判决发包方A公司在拖欠工程款范围内与承包方B公司对实际施工人C公司的劳务款承担连带责任，但对A公司拖欠多少工程款不予审理，更不予明确，如何执行？C公司不得不又提起一个工程款纠纷的诉讼，这不仅使当事人徒增诉累，而且还拖延了其权利实现的周期。二是漠视程序独立价值的倾向。由于人民法院认定的事实是当事人通过证据证明的事实，适用的法律是经过当事人辩论后确定的法律，离开了正当程序保障，事实就不能被正确认定，法律也很难被准确适用，也就谈不上实现实体公正的问题。人民群众感受到的、看得见的公正很大程度上也是程序公正。因此，对于遗漏必须参加诉讼的当事人、合议庭成员该回避的没有回避、违法缺席审判等严重违反法定程序进而影响实体公正的案件，除调解外，不得不依法发回重审，补齐程序缺失。即使是一些不影响实体公正的程序瑕疵，也会使当事人申诉、信访不止。大量的民商事信访案件表明，一些案件虽在程序上存在"小毛病"，确又无引起审判监督程序之必要，更无进行实体改判之余地，但要说服当事人息诉罢访则要费尽周折。可见民商事审判工作要充分认识诉讼程序的独立价值，牢固树立程序意识，摒弃和纠正不尊重当事人诉权、辩论权、陈述权、知情权，以及怠于督促当事人履行诉讼义务的观念和做法。

运用好程序制度，实现实体公正与程序公正相统一，让人民群众在每一个司法案件中感受到公平正义，需要重点做好以下几个方面的工作。

一是要准确理解和适用举证责任制度。要处理好"谁主张，谁举证"与人民法院依职权调查证据的关系，使法律事实最大限度地接近、还原客观事实。既要充分调动当事人举证的积极性，压实当事人法定的举证责任，彰显举证责任分配规则的司法引导作用，也要正确认识"谁主张，谁举证"规则和所谓"当事人主义"的不足和局限，在依据现有证据认定的事实可能严重背离事实真相，作出的裁判结果可能有悖常理、有悖公平正义时，人民法院不能坐视不管、放任自流，而要通过依职权调查取证、合理运用举证责任转换规则等方式，并避免僵化运用新证据和举证期限规则，尽可能还原客观真相，达到内心确信。以最高人民法院处理的一起合同纠纷为例，合同约定的价款为6亿元，但结合缔约背景、缔约过程、协议性质、市场价格等情况，认为该价款约定严重有悖常理，而主张其法定代表人与对方恶意串通的甲公司不能举证证明其主张。合议庭依职权调取相关刑事卷宗，从中查阅到另外一份协议及甲公司法定代表人与本案有关的受贿行为。经质证后，认定了恶意串通的事实，使案件得到公平公正处理。由此，有关审判庭举一反三，形成法官共识性规则，即凡是在民事案件审理过程中，基本事实认定涉及渎职类犯罪的，要依职权调取刑事卷宗，查明相关渎职类犯罪与民商事案件的关联性，以正确认定事实，此种做法殊值肯定。此外，在民商事案件中，一些当事人出于各种目的进行虚假诉讼，还有一些当事人事先设计好骗局或"商业陷阱"，如果机械地依据"谁主张，谁举证"的证据规则一判了之，要么损害公共利益或第三人合法权益，要么背离人民群众最基本的公平正义观念，甚至引发极端事件。这就有必要基于实体公正的价值取向，在法官审理案件中依经验和常理对关键、重大事实产生合理性怀疑时，要通过必要而合理的诉讼引导、举证提示，甚至通过依职权调查、依法中止诉讼移送侦查部门等措施，达到真正查明事实之效果。

二是要善于依法行使释明权。在当事人确实遭受了损害，但因诉讼请求不当而无法得到救济时，就要通过依法行使释明权，促使当事人变更诉讼请求来解决前述矛盾。例如，基于合同有给付行为的原告请求确认合同无效，但并未提出返还原物或者折价补偿、赔偿损失等请求的，人民法院应当向其释明，告知其一并提出相应诉讼请求。原告请求确认合同无效并要求被告返还原物或者赔偿损失，被告基于合同也有给付行为的，人民法院同样应当向被告释明，告知其也可以提出返还请求。需要注意的是，根据《最高人民法院关于民事诉讼证据的若干规定》第53条第1款的规定，"诉讼过程中，当事人主张的法律关系性质或者民事行为效力与人民法院根据案件事实作出的认定不一致的，人民法院应当将法律关系性质或者民事行为效力作为焦点问题进行审理"。此时，即使当事人没有根据法庭辩论的情况申请变更诉讼请求，也应在判决书中直接对当事人之间的法律关系及其效力作出认定。又如，在审理合同纠纷时，当事人主张合同无效或者请求撤销、解除合同等，人民法院认为合同不成立的，就应当依据上述规定将合同是否成立作为焦点问题进行审理，并可以根据案件的具体情况重新指定举证期限。

三是要依法运用合并审理等制度。最高人民法院在制定《关于适用

《中华人民共和国民法典》合同编通则若干问题的解释》（以下简称《民法典合同编通则解释》）时，特别规定了一些合并审理的制度规则，以达到一次性、实质性解决矛盾纠纷的目的。例如，在债权人行使代位权时，可以将两个以上债权人以债务人的同一相对人为被告提起的代位权诉讼进行合并审理，如果债务人对相对人享有的债权不足以清偿其对两个以上债权人负担的债务，人民法院应当按照债权人享有的债权比例确定相对人的履行份额。① 又如，在债权人向人民法院起诉债务人以后，又向同一人民法院对债务人的相对人提起代位权诉讼的情况下，如果该诉讼属于该人民法院管辖，可以依法合并审理；如果不属于该人民法院管辖，就应当告知其向有管辖权的人民法院另行起诉，并在起诉债务人的诉讼终结前，依法中止代位权诉讼。② 再如，债权人行使撤销权时，也可以将债权人撤销权诉讼与债权人和债务人之间的债权债务关系依法合并审理。③ 不仅如此，债权人行使撤销权时还可以一并请求相对人向债务人返还低价或无偿转让的财产。如此一来，当债权人获得胜诉判决后，就形成了相对人向债务人给付、债务人向债权人给付的连环给付关系，为确保实现债权人的胜诉利益，在执行程序中可以直接赋予债权人向债务人的相对人申请执行的权益，实现审判程序与执行程序的有效衔接。

此外，对于涉及众多当事人的复杂交易，人民法院也可以通过追加相关当事人为共同被告或第三人的方式，既方便查明事实、准确认定交易性质，也有利于一揽子解决纠纷。例如，在审理票据清单交易纠纷时，在出资银行仅以整个交易链条的部分当事人为被告提起诉讼时，人民法院应当在依法行使释明权的基础上，追加参与交易的相关当事人为共同被告参加诉讼。

（三）坚持"公正与效率"相统一

司法的功能在于及时定分止争，如果案件长期未结，纷争就会一直

---

① 《民法典合同编通则解释》第37条。
② 《民法典合同编通则解释》第38条。
③ 《民法典合同编通则解释》第46条。

"悬而未决",当事人的合法权益就无法得到保障。有的案件在诉讼中保全被告财产后长时间不作出裁判结果,有的案件迟迟不开庭、开庭后又迟迟不作出裁判结论,更有甚者在裁判文书签发后因种种原因迟迟不送达裁判文书,这些做法既无"效率",也谈不上"公正",或者说是打了折扣的公正。民商事案件久拖不决,往往会拖垮一个企业,影响一个家庭的生计,贻害无穷。近期,最高人民法院大力清理长期未结案件,严格审限制度,严把延长审限关,在"提效率"上采取一系列措施,道理也在于此。另外,民商事审判的效率是建立在公正基础上的效率。张军院长深刻指出,"如果只是追求'结案了事',那结果很可能是'萝卜快了不洗泥''一案结而多案生'"。[1]可谓一语中的、入木三分。

值得注意的是,民商事审判对效率的要求与民事执行在理念上存在差别。在民商事生效裁判已就当事人的权利义务确定的情况下,民事执行要及时实现胜诉权益。从这一意义上而言,执行的快速性、及时性本身就是公正性的体现,是裁判公正性的延伸。效率是执行程序的基本价值追求,执行程序奉行"债权人中心主义",强调执行行为的连续性、不间断性。"执行异议期间,不停止执行"这一规则,实质上就是公正对效率的暂时让步。对于执行案件的债权人来讲,"时间就是金钱"。近年来,最高人民法院致力于推行以现代信息技术为支撑的财产查控模式、财产处置模式、联合信用惩戒模式,目的就是不断提高执行效率,尽快将"真金白银"装进胜诉当事人口袋,打通维护公平正义的"最后一公里"。当然,执行程序重效率,也不能忽视执行权的公正性,必须坚持合法性原则、比例原则,执行措施不仅要合法,也要适当,不能突破法律底线、违反法定程序;也不能超过必要限度,损害被执行人及利害关系人的合法权益。执行程序中往往还涉及案外人合法权益,法律为案外人设置了异议之诉这一救济程序,这也是民商事审判中的重要问题之一。执行异议之诉,既是对执行程序的审判监督,又是平衡有关当事人权利

---

[1] 张军:《学深悟透做实习近平法治思想 以审判工作现代化服务保障中国式现代化》,载《民主与法制》2023年第36期。

冲突、保障执行公正性的重要法律制度。实践中，执行异议之诉案件增长较快，但裁判观点分歧较大，确保裁判公正性的核心理念应该是"不应以他人的财产去清偿被执行人的债务"，不应简单地以权利外观去判断能否排除执行，也不应简单地以"案外人对标的物不享有物权，不能对抗第三人"而得出不能排除执行的结论。在执行异议之诉案件审理中，必须吃透我国民商法的制度体系，依法作出符合我国实际、符合人民群众朴素公平正义观的判断。

（四）健全完善"促公正、提效率"的制度机制

抓实公正与效率，必须要有制度保障，必须大力推进审判管理现代化。最近，最高人民法院推出了一系列强化审判管理的措施，其切入点、着力点在于：

一是绩效考核科学化。为解决审判质量管理指标体系不尽完善、不够科学的问题，最高人民法院经充分调研重新制定了指标体系，并在全国法院试行。新的指标体系坚持质量优先、兼顾效率、关注效果，设置了"案-件比"[①]这一核心指标，目的就是引导各级法院用最优质量、最佳效果尽可能一次性化解矛盾纠纷，避免有的法官为追求所谓效率，草草结案，导致当事人后续上诉、申诉。新的指标体系还将"结案率"的考核区间由过去的"年度"修改为"审限"，设置了"审限内结案率"这一指标，既能有效督促承办法官提高工作效率，尽快办理案件，又能防止出现过去有些法院为提高年度结案率而在年底不立案的问题。特别值得一提的是，在效果指标设计中，把裁判文书的自动履行率作为重要考量因素，对于提高民商事裁判公正性、当事人的认可度，推动解决执行难都大有裨益。

二是司法责任明晰化。在坚持"让审理者裁判，由裁判者负责"办

[①] 所谓"案"即当事人的矛盾纠纷，"件"即"案"在法院办理期间，经历若干程序，司法管理统计的"案件"，包括一审案件、二审案件、再审案件等。最优的"案-件比"是1:1，即当事人的一个纠纷，通过一审即案结事了。如果"案-件比"是1:3，甚至1:4，说明当事人的矛盾纠纷经历了多轮程序才了结，不仅效率不高，而且当事人对裁判结果可能还不满意。

案责任制的基础上，要强化监督制约、放权不放任，实现有序放权与有效监督相统一，切实解决院庭长监督责任缺失、不愿监督、不敢监督、不会监督等问题。为此，最高人民法院以"阅核制"为抓手来落实落细院庭长监督管理责任，并制定有关具体规则。首先，院庭长阅核不同于审批，不能背离"让审理者裁判"的初衷，即院庭长可以提出意见建议，并由合议庭复议、专业法官会议讨论，或者提请审委会讨论，但不能改变合议庭的结论。其次，阅核是一种监督职责，不履行或者不正确履行也要承担相应的责任，以此形成审理者、监督者各负其责的多层次责任体系。既要避免阅核流于形式，或为合议庭自负其责"背书"，更要避免合议庭依赖于阅核而怠于履行自身职责。最后，"阅核制"也要在明确规则下运行，特别是要借助现代信息手段做到全程留痕，使监督者自身也接受监督，切实避免其异化为合法外衣下的"非法干预""权力滥用"。

三是条线管理制度化。民商事审判涉及经济社会方方面面，担负着维护社会秩序稳定、保障经济金融安全、防范重大风险等重要职责，必须发挥上级法院尤其是最高人民法院、高级人民法院统一裁判尺度、总结司法经验、加强对下监督指导的条线管理功能作用，这是事关法治统一、事关审判全局的重要责任。要提高政治站位、开阔视野，准确分析判断一个阶段面临的经济社会形势，提出服务党和国家经济社会发展大局的工作思路、工作重点，使各级法院能动地做深做实做准为大局服务、为人民司法。要通过办理案件和深入一线调研，对民商事审判中出现的关于法律适用的新问题和悬而未决的老问题，找到既切实可行又符合法治精神的解决方案，统一裁判尺度、提高裁判效率，进而增强社会合理预期、提升民商事审判公信力。要通过案件管理系统，及时发现和把握过长交易链条引发的多起关联纠纷、同一主体通过类似法律事实引发的多地诉讼，加强沟通协调，必要时依法指定管辖、集中管辖，避免"打乱仗""无序诉讼""多重查封"。要充分发挥"法答网"的功能作用，审慎而及时地研究回答下级法院所提出的法律适用问题，使"法答网"成为民商事审判中提出问题、讨论问题、解决问题的重要平台。目前，

"法答网"上所提出的诸多民商事法律适用问题，都具有极高的理论价值、实务价值，使上级法院能够更加精准地加强对下指导，最高人民法院所提出的解决方案，受到广泛好评。要定期对民商事审判的数据进行量化分析、定性分析，把握案件动态，发现存在的突出问题，通过指导意见、会议纪要、视频会议等形式及时采取纠偏措施、形成正确导向。要认真分析"发改指"案件及信访案件，发现存在裁判不规范、滥用自由裁量权，甚至徇私枉法等问题的，及时向纪检监察部门移送线索、通报情况，确保对条线司法廉政问题早发现、早出手，消灭在萌芽状态，切实避免出现系统性、塌方式腐败。

三、关于民商事审判中的能动司法理念问题

在民商事审判工作中做深做实新时代能动司法，是更加自觉、更加主动、更加深入贯彻落实习近平法治思想，为大局服务、为人民司法的必然要求，也是抓实"公正与效率"工作主题，卸掉教条主义、机械主义的理念枷锁，加快建设公正高效权威的社会主义司法制度的具体体现。

（一）担当作为，做深做实为大局服务

为大局服务、为人民司法是民商事审判的职责使命所在。要以敏锐的政治眼光，高度关注中国特色社会主义进入新时代背景下经济社会形势的重大变化、社会矛盾的历史性变化，切实把握党中央以中国式现代化推进强国建设、民族复兴所提出的一系列重大决策部署，切实把握各类风险隐患的多元多变、维护改革发展稳定大局任务的艰巨性，认清形势、拓宽视野、把握大局，找准服务大局的结合点，精准服务大局。

一是要以高质量金融审判服务保障金融强国建设。习近平总书记在最近召开的中央金融工作会议上发表的重要讲话[①]，科学回答了金融事业发展的一系列重大理论和实践问题，为推动金融高质量发展提供了根本

[①] 2023年10月31日，习近平总书记在中央金融工作会议上的讲话。

遵循和行动指南。民商事审判要深刻领悟习近平总书记的重要讲话精神，把握好金融的政治性、人民性，把握好金融规律、审判规律，在法治轨道上推进金融创新发展，维护好实现好金融消费者、中小投资者的合法权益，服务好保障好金融强国建设。要准确适用法律，处理好民法一般规定与金融法律、法规及监管政策的关系，把握好涉及公共利益的重大金融监管政策在合同效力判断中的作用，把握好一般监管规则在判断民事法律关系性质、民事责任认定以及法律解释、合同解释等方面的参考价值。会议提出全面强化机构监管、行业监管、行为监管、功能监管，既管"有照上路"，又管"无照驾驶"。金融监管政策发生变化，对有关合同效力如何认定，民事责任如何认定，需要有新思路新理念。要坚决守住不发生重大金融风险底线，认真总结前期参与处置海南航空、北大方正等风险的经验，在党中央集中统一领导下，在府院联动机制的框架下，坚持市场化、法治化原则，充分利用破产法、公司法等一系列法律制度工具，化解房地产领域、中小银行等风险隐患，维护国家金融安全。要用好证券欺诈集体诉讼制度，使这一制度在实践中的应用常态化，进一步释放对证券市场欺诈行为"零容忍"的司法信号，切实护航全面实行注册制改革。要依法打击金融违法犯罪行为，以刑事、行政、民事手段多维度追责、追赃、挽损，让违法犯罪者付出代价，让合法权益得到有效维护，让金融市场秩序得到有效保障。

二是营造法治化营商环境，坚持"两个毫不动摇"，全面贯彻平等保护原则。要将各类主体诉讼地位、诉讼权利平等贯穿到民商事审判全过程各方面，强化对促进民营经济发展壮大的司法措施供给，加强对民营企业产权保护，健全涉企产权冤错案申诉、再审及有效防范和甄别纠正机制。要严格区分经济纠纷、行政违法与刑事犯罪，坚决防止和纠正利用行政或者刑事手段干预经济纠纷，坚决防止和纠正把经济纠纷认定为刑事犯罪、把民事责任认定为刑事责任。要加强对民营企业名誉权和企业家人身自由、人格尊严以及个人信息、隐私权等人格权益的司法保护，充分发挥人格权侵害禁令制度功能，及时防范和制止侵害人格权的违法行为。因企业名誉权受到侵害致使企业生产、经营、销售等遭受实际损失的,应当依法判令行为人承担赔偿责任;因编造、传播虚假信息或者误导性信息扰乱企业发行的股票、债券市场交易秩序,给投资者造成损失的,应当依法判令行为人承担赔偿责任,有效推动营造有利于民营经济发展的舆论环境、法治环境。

三是挽救有营运价值的企业,清出僵尸企业。要强化破产保护,"要救早救",充分发挥破产制度早期防护作用,发挥破产制度保全债务人财产和营业完整性、抑制债务膨胀的功能,引导陷入困境的市场主体尽早运用破产重整妥善化解债务危机。确保"要救真救",决不能把重整制度异化为资本游戏,追求短期效应,再薅一次中小投资者的"羊毛"。特别注意加大对中小微企业运用重整程序、和解程序进行救治的力度,既降低企业杠杆,又解决企业治理方面的沉疴积弊,完善中国特色现代企业制度。要充分利用破产清算制度,果断出清僵尸企业、无挽救价值的企业,释放市场资源和社会管理资源。要推动完善破产相关配套制度,充分发挥制度集成和协同效应,最大程度释放破产制度红利。例如,要强化对大股东非经营性占用财产行为的惩防,对于大股东通过虚构交易或者直接划转等方式占用上市公司资金的行为,破产中要通过依法对大股东权益清零、要求大股东以现金清偿或者以符合监管要求的资产进行非现金清偿等方式,有效解决资金占用问题。要提升破产效率,对简单案件,在听证、通知、债权人会议、债权审查认定、财产清查、财产变价等环节可以进行标准化、格式化处理,力求快审快结。要降低破产成本,以按劳分配为基本原则,恰当合理确定管理人报酬。债权人未实际获得清偿,或者债权人所分得的清偿价值尚未实现或不确定的,不能将其作为管理人计酬的基数。

(二)"抓前端、治未病",做实诉源化解

"治未病",体现了中华文化绵延千年的优良传统,凝结着华夏文明治国理政的智慧精华。习近平总书记指出,"我国国情决定了我们不能成为'诉讼大国'。""法治建设既要抓末端、治已病，更要抓前端、治未病。"① 面对不断增加的民商事案件，人民法院要积极通过推进"诉源治理"主动融入国家治理、社会治理，努力减少多发、高发案件，助推国家治理体系和治理能力现代化。

一是充分发挥司法建议的社会治理功能。正如张军院长指出的，"有的领域同类案件多发、高发，背后必然存在社会治理的问题，要通过案件审理，发现并促进解决政策制定、行业监管等方面的根源问题，让更多案件消解于无形，促进社会治理，就是抓住了治本之策"②。例如，信用卡纠纷案件近年来大幅上升，全国法院2018年审理44.7万件，2022年审理78.3万件，增长了75.2%，占一审金融民商事案件结案总数近三成③。针对民商事审判中信用卡纠纷占比较大且上升较快等情况，最高人民法院在深入调研的基础上向监管部门发出司法建议，共同推动行业治理。又如，依据民法典第221条的规定，不动产预告登记具有对抗他人的物权效力，但由于宣传、提示不到位，实践中在购买房屋时办理预告登记的极少，但办理网签备案④的极为普遍，现行法律却未赋予网签备案对抗他人的物权效力。人民法院在强制执行开发商为被执行人的案件且查封登记在其名下的房屋时，几乎所有的案外人都会以其已购买该房屋并已办理网签备案为由提起排除执行的异议。由于网签备案不具有排除执行的物权效力，案外人的执行异议不易获得法院支持，引发大量执行异议之诉案件。这反映出我国预告登记制度与网签备案制度未能实现有效衔接，存在治理漏洞。为此，浙江省高级人民法院率先向浙江省人民政府办公厅发出司法建议，在省政府协调推动下，实现了网签备案和预告登记机制全面衔接，取得了良好效果，该省2022年执行异议之诉案件

---

① 2020年11月16日，习近平总书记在中央全面依法治国工作会议上的讲话。
② 张军：《学深悟透做实习近平法治思想 以审判工作现代化服务保障中国式现代化》，载《民主与法制》2023年第36期。
③ 最高人民法院统计数据。
④ 网签备案是住建部门针对商品房买卖而规定的一种行政管理手段，目的是防止开发商"一房多卖"。住建部门要求开发商在与购房人签订商品房买卖合同时必须办理网签备案，否则难以办理过户登记。

同比减少20%。考虑到这是在全国普遍存在的现象，最高人民法院也向有关部门发出司法建议，商请在商品房买卖合同示范文本中增加办理预告登记的条款，在合同备案平台或者窗口加大预告登记的宣传和引导，并加快推进合同备案与预告登记同步申请办理，从根源上减少矛盾争议的发生。除此之外，当前，保证保险纠纷所反映出的恶性竞争、诱导金融消费、强制搭售等问题，产融集团企业风险案件反映出的产业资本向金融资本渗透问题，中小金融机构风险案件反映出的大股东以隐名持股等手段超过法定比例持股问题、违反贷款集中度规定问题，上市公司风险案件中反映出的控制股东经营性、非经营性占用上市公司资产、非正当关联交易、治理结构虚化弱化、股东协议产生的暗箱治理等问题，都应当在进一步调研的基础上通过与有关部门沟通情况、发出司法建议等方式实现共治共管、诉源化解、防范风险。

此外，依据原《中华人民共和国物权法》（以下简称物权法）第202条的规定，抵押权人未在主债权诉讼时效期间行使抵押权的，抵押权不受国家强制力保护。依此规定，抵押权过了诉讼时效后，虽然抵押权人不能行使抵押权，但抵押人也不能注销抵押登记，抵押财产上仍有权利负担，影响抵押财产的流转。为破解这一僵局，实现物尽其用，《全国法院民商事审判工作会议纪要》第59条规定，在此情况下，抵押人可以向人民法院请求注销抵押权登记。因民法典第419条延续了原物权法第202条的规定，最高人民法院在之后出台的《关于适用〈中华人民共和国民法典〉有关担保制度的解释》（以下简称《民法典担保制度解释》）中没有沿用《全国法院民商事审判工作会议纪要》第59条的规定，导致问题又回归到了原点。最高人民法院经与登记部门沟通，明确在人民法院生效判决认定抵押权人不能行使抵押权的情况下，可以在登记簿上备注这一事实，从而达到与办理抵押权注销登记相同的效果，实现司法与行政管理有效衔接，解决实践中的社会治理问题。

二是充分发挥司法解释、司法政策的规范引导功能。通过出台司法解释、规范性意见等方式，让社会充分了解人民法院对一些交易模式的司法态度、裁判尺度，形成合理预期，使商业行为更加规范，防范更多纠纷的发生。即便发生纠纷，当事人也能够参照公之于众的司法解释自行协商解决纠纷，从而达到非讼化解纠纷的效果。例如，上市公司违规对外担保长期以来都是资本市场的"毒瘤"，其中很大的一个原因是司法对上市公司对外担保的合同效力认定尺度不一，债权人有意无意地忽视对上市公司所提供的担保是否履行了公司内部决议程序的严格审查。有鉴于此，《民法典担保制度解释》第9条规定，相对人在未审查对外担保是否进行公开信息披露的情况下，就与上市公司签订担保合同的，担保合同对上市公司不发生效力，上市公司不承担任何责任，以此倒逼相对人加大审查力度。该司法解释出台后，上市公司违规对外担保的情况几乎很少发生，达到了源头化解的预期效果。例如，关于代持股问题，如果实际出资人没有法律规定的持股资格而由他人代为持股，从民商事审判的角度，只能解决当事人之间的民事权利分配问题，而不能直接没收其违法所得。但是，可以考虑在对双方的民事权利义务作出认定后，向监管部门提出个案性的司法建议，由其进行行政处罚，以儆效尤，使司法裁判与行政监管形成有效衔接。

三是充分发挥指导性案例、典型案例的引导功能。案例作为司法产品，是法律实施和政策落实的晴雨表，承载着人民法院对公平正义的判断和裁量，也蕴含着人民群众对公平正义的感知和期待。习近平总书记指出，"司法公正对社会公正具有重要引领作用""一个案例胜过一打文件"[①]。民商事审判在个案处理过程中，不能局限于就案办案，要考虑个案的典型意义、规则引领价值、对社会治理和审判管理有何经验教训等，努力实现个案价值类案化、促进管理治理效果最大化。目前，最高人民法院在大力推行案例指导制度的同时，正在建设人民法院案例库，通过汇聚各类指导性案例、参考性案例、典型案例等，积沙成塔、集腋成裘，形成法官检索类案以统一裁判尺度、提高办案公正与效率的资源库，形

---

① 2014年10月20日，习近平总书记在中共十八届四中全会上，就《中共中央关于全面推进依法治国若干重大问题的决定》起草情况向全会作说明。

成市场主体、社会公众规范市场行为、防范诉讼风险的资源库。在民商事审判中，应当充分认识案例库建设现实而长远的意义，以高度的责任感形成、筛选、推送案例，使案例库成为汇聚中国法官司法智慧、独具中国特色的司法宝藏。

（三）完善协同机制，实现双赢多赢共赢

民商事审判要充分发挥服务大局的职能作用，必须在党的集中统一领导下，加强与政法各部门、行政管理部门、行业协会等方面的沟通协作，形成相应的协同机制，在共治共管中实现双赢多赢共赢。首先，要建立健全政法机关之间的协调机制。重在协调解决民刑交叉案件的程序选择和事实查明问题，以及多头查封、重复查封、相互掣肘等问题，提高民商事审判的可预期性和公信力。其次，要建立健全与行政机关的协同治理机制，在处理有重大影响、社会关注度高的重大案件时，深入了解相关监管措施，听取监管部门意见，需要行政处置先行或者以政府主导下行政处置先行更有利于化解风险、保护各方权益的，要把握程序节奏，做好先期配合工作，确保行政处置在法治轨道进行，并保持与以后的司法程序在法律适用上的连贯性、一致性，使风险协同处置具有可推广、可遵循的模式效应。最后，要建立健全多元化纠纷解决机制。严格落实新时代"枫桥经验"工作要求，将诉调对接工作的"调"再向前延伸，在党委、政法委领导下，共同抓好矛盾化解和综合治理，从源头上减少矛盾纠纷。

四、关于民商事审判中"三个效果"有机统一问题

党的二十大报告指出，"全面依法治国是国家治理的一场深刻革命"，要"在法治轨道上全面建设社会主义现代化国家"。我们要深刻领会这一重要论断的精髓要义，把严格依法办案、追求法律效果作为实现"三个效果"统一的基础。"自由裁量必须严格依法作出，牺牲法律效果片面强

调所谓的'政治效果''社会效果',不会实现好的政治效果和社会效果。"[1] 这其中的道理在于,我国的法律是在党的领导下制定的,是广大人民群众意志的体现,是党和国家大政方针的体现,法律规范本身包含着浓厚的、与中国特色社会主义经济制度、政治制度、优秀传统文化相适应的政治考量、价值判断和利益衡量。从一定意义上而言,只要准确适用法律,就能产生好的法律效果,也必然会产生好的政治效果、社会效果。实践中,之所以出现"三个效果"不统一的问题,有相当一部分原因是我们对法律的理解出现了偏差,或断章取义,或张冠李戴,缺乏体系思维,忽视了法律规范之间的关联关系,围着某一个法律条文"打转转",生搬硬套。在法律适用错误的情况下,政治效果、社会效果便无从谈起。

民商事审判案件涉及的法律关系往往错综复杂,在审理过程中一般难以找到一加一等于二的现成答案。这就需要运用科学的法律解释方法去解释法律、理解法律,甚至依据一定的规则、方法去填补法律漏洞,这就是我们常说的自由裁量权。首先,在解释法律时,要探求法律的精神和目的,要保持与立法所追求的政治效果、社会效果的一致性,保持与立法所包含的、所追求的价值判断和利益衡量的一致性。既要充分引入政治效果、社会效果的考量,又不脱离法律的基本原则、立法目的、价值判断和利益衡量。一言以蔽之,要在法治轨道上、在规范约束下去行使自由裁量权,切实避免自由裁量权成为脱缰野马、恣意妄为,避免脱离了法律效果的所谓的政治效果、社会效果。其次,无论如何具有前瞻性、科学性的立法都不可能把经济社会发展中的各种新情况新问题都预见到,难免会出现规则缺失或者滞后的问题。民商事审判要善于联系现实情况,以公平正义的价值取向找出解决问题的法律答案,要以法律解释方法填补制定法的漏洞,而不能思维固化,抱守现行法律而忽视现实情况的变化。总而言之,在行使自由裁量权时,要使法律效果与政治效果、社

---

[1] 张军:《学深悟透做实习近平法治思想 以审判工作现代化服务保障中国式现代化》,载《民主与法制》2023年第36期。

会效果浑然一体，切实完成"从政治上看、从法治上办"的思辨过程。

"三个效果"统一要讲透法理情。习近平总书记指出，"法律不应该是冷冰冰的，司法工作也是做群众工作。一纸判决，或者能够给当事人正义，却不一定能解开当事人的'心结'，'心结'没有解开，案件也就没有真正了结"。[①] 民商事审判要让司法裁判与民意同频、与社情共振，要以法为据、以理服人、以情感人，既要义正严词讲法理，又要循循善诱讲事理，还要感同身受讲情理，实现天理、国法、人情的有机融合。例如，党中央作出"保交楼、保民生、保稳定"的重大决策，民商事审判应如何贯彻落实？"保交楼"不是保违规违法经营的房地产商，而是让买房的老百姓能够拿到花钱所买的房子，但一个房地产项目面临的权利人既包括购房人，也包括材料供应商、银行债权人、建筑商债权人等，"僧多粥少"。在国家政策支持下，一些"烂尾"的楼盘终于可以交房，如果前述债权人都来"分羹"，通过拍卖房屋来受偿债权，购房人取得房子的权利将难以保障。基于这一考虑，最高人民法院出台了《关于商品房消费者权利保护问题的批复》（法释〔2023〕1号），明确在多个债权人就唯一房产项目主张权利的情况下，最优先保护以居住为目的的购房人的权利。该批复是依据民法典的基本原则和立法目的，并参照民法典第404条有关动产的正常经营买受人登记查询豁免的机理，进行充分的价值判断和利益衡量后作出的解释。其中的政治效果考量是从司法层面落实党中央重大决策部署，厚植党的执政根基；社会效果考量是社会大众一般认识和朴素的公平正义观；利益衡量是居住是基本的生存需求，生存权大于财产权。

"三个效果"统一要符合人民群众朴素的公平正义观。习近平总书记指出，"我们要依法公正对待人民群众的诉求，努力让人民群众在每一个司法案件中都能感受到公平正义，决不能让不公正的审判伤害人民群众

[①] 2013年2月23日，习近平总书记在十八届中央政治局第四次集体学习时的讲话。

感情、损害人民群众权益"。① 人民性是司法工作的根本立场,人民评价是司法公信力的唯一标尺。在民商事审判中,必须更加重视释法说理,让裁判结果真正符合人民群众朴素的公平正义观。例如,在处理实际买房者请求法院排除对具名人名下房屋执行的异议之诉案件中,能否支持实际买房人排除执行的诉求?该问题在司法实践中极具争议,肯定观点、否定观点均有一定道理,笔者在此提出一些思考路径供研究参考。此问题的解决,需结合民法典规定的房屋登记的公信力制度、善意取得制度、外观主义的边界等基础法律制度去分析,此处不赘。② 此外,需要考量的法律依据、价值判断还包括:其一,即便是实际买房人因限购原因不能取得物权,但其起码对具名人享有债权,而申请执行人也是享有普通债权,这就需要对同质化权利进行比较:实际买房人是占有房屋的债权人,而申请执行人是未占有房屋的债权人,优先保护已占有房屋的债权人符合法律逻辑。在实际买房人合法占有房屋的情况下,又有何理由排除其合法占有?其二,《第八次全国法院民事商事审判工作会议(民事部分)纪要》第15条、《最高人民法院关于审理商品房买卖合同纠纷案件适用法律若干问题的解释》第8条第1款、《最高人民法院关于审理涉及国有土地使用权合同纠纷案件适用法律问题的解释》第9条均体现了不动产在"一物多卖"情况下同质化权利存在冲突时,一般应优先保护先占有者权益的思路。执行异议之诉中的实际买房人与申请执行人的权利冲突与上述规定涉及的问题类似,类似问题可以类似处理。以上两点主要是

---

① 2012年12月4日,习近平总书记在首都各界纪念现行宪法公布施行三十周年大会上的讲话。参见中共中央文献研究室编:《十八大以来重要文献选编》,中央文献出版社2014年版,第91页。

② 根据民法典的规定,不动产登记仅具有物权推定效力,在有相反证据足以证明实际权利人与登记权利人不一致时,应以保护实际权利人的权利为逻辑起点进行考量。如实际权利人与具名人发生权利冲突,应当保护实际权利人的权利;如实际权利人与第三人发生权利冲突,则应依据具体的法律规定判断第三人是否构成善意取得。在无证据证明第三人知道或应当知道该房屋实际属于他人,因信赖登记外观而与具名人签订买卖合同或抵押合同,且符合民法典第311条规定的其他善意取得要件的情况下,只能保护善意第三人,实际权利人借名买房的代价在于此,也只能在于此。但如果第三人是对具名人享有普通债权,与房屋无直接关系,则应侧重保护实际权利人的权利。

从法律逻辑上分析的。其三，从价值判断和利益衡量上来看，如果其借名买房以居住为目的，即使借名人有规避限购政策等过错，也无违反"房住不炒"这一房地产公共政策定位之虞。除非将借名买房作为炒房的手段，否则不宜以违反公序良俗似是而非地剥夺其居住权。对于大部分普通人而言，房子可能是他们倾尽全家之力、用毕生劳动成果换取的最为宝贵的财产。仅仅因为借用他人名义，就导致自己的房子被用来偿还他人的债务，这显然是无法让人接受的，更与一般人民群众朴素的公平正义观念相去甚远。如果人民法院支持了申请执行人的请求，那么实际购房人必然再诉具名人，以致衍生出更多的案件。至于对于实际买房人与具名人规避限购政策的过错，则可以通过个案司法建议，交由管理部门依法予以处罚。

又如，在房地产领域出现风险隐患的情况下，一方面，要严格审慎把握商品房买卖合同的解除条件，防范房产价格下行情况下的道德风险；另一方面，在房地产买卖合同被解除的情况下需平衡好各方利益，对按揭贷款偿还责任的认定也要符合人民群众一般的公平正义观念。在这方面，《最高人民法院关于审理商品房买卖合同纠纷案件适用法律若干问题的解释》也有可资依据的规定。

再如，近年来，部分房地产企业为延长账期、缓解资金周转压力，频繁使用商业承兑汇票进行债务结算和支付，很多供货商为了尽快回笼资金，往往又选择在汇票到期前和受让人订立债权转让合同打折甚至低价转让汇票。随着房地产市场效益大幅减速，房地产企业出现大量债务违约，票据兑付风险随之产生。汇票到期受让人提示付款被拒的，能否向汇票出让人即供货商进行追索，是司法实践中面临的棘手问题，各地法院做法也不尽一致。有的认为，根据《中华人民共和国票据法》（以下简称票据法）第 61 条的规定，汇票到期被拒付的，持票人可以对背书人、出票人以及汇票的其他债务人行使追索权。房企供货商因背书成为票据债务人，应承担票据责任。有的认为，票据未得到承兑前，基础债权及票据权利并存，房企供货商背书票据是因债权转让；是债权转让约定的附随义务，在无明确约定的情况下，让房企供货商承担票据责任无基础法律关系，应将房企供货商从票据债务人中涤除，仅判决房地产企业承担票据责任。以上两种思路和处理方式都有一定道理。但实践中此类纠纷交易模式繁多、合同约定不同，情况复杂，既涉及票据法问题，又涉及债权转让一般民商事法律制度问题，更有价值判断和利益衡量问题，既不能忽视商票交易的规律和特点，又不能忽视真实交易关系与票据交易的关联性。总体而言，不能一概按单纯的票据关系简单化处理，要区别具体商票交易场景，根据交易主体情况、是否存在真实的交易关系等因素，判断是属于票据关系还是穿透后的债权转让关系而作出裁判。最高人民法院将尽快在深入调研、广泛征求意见并进行效果评估的基础上，找出一条公平公正处理此类纠纷的统一裁判思路。

五、关于民商事审判中的系统观念问题

司法解决纠纷的过程，就是寻找事实、寻找法律的过程，即在准确认定事实的基础上，精准适用法律，作出公正裁判，实现个案公正，以司法公平正义促进社会公平正义。从这个意义上来讲，民商事审判要做深做实"公正与效率"工作主题，贯彻落实能动司法工作理念，使裁判结果达到"三个效果"有机统一，必须不断提升法官适用法律的能力。法律适用能力是法官的"基本功"，是实现案件公平正义的逻辑起点。

党的二十大报告将习近平新时代中国特色社会主义思想的世界观和方法论概括为"六个坚持"，其中就包括坚持系统观念。系统观念要求用普遍联系的、全面系统的、发展变化的观点来观察事物，进而把握事物发展的规律。在民商事审判中适用法律时坚持系统观念，就是要将待决案件涉及的法律问题置于整个法律体系中进行判断，从而避免只见树木不见森林。重点要处理好两个层面的问题：一是要特别关注法律规范的系统性。法律规范是一个系统整体，在横向上要以普遍联系的而不是单一孤立的观点来适用法律，要处理好某一法律条文与相关法律条文之间、某一部门法与相关部门法之间的关系，以及该法律问题与案件事实、当

前经济社会现实之间的关系；在纵向上要以发展的而不是静止的观点来适用法律，要尽可能捋清拟适用法律条文的"前世今生"，并以此探究立法者的真实意旨。二是要特别注重法律适用方法的系统性。首先，要系统把握并综合运用文义解释、体系解释、历史解释、目的解释等法律解释方法。其次，要准确把握"上位法优于下位法、特别法优于一般法、新法优于旧法"等冲突法律规范选择适用规则，提高适用法律的精准性。最后，要准确把握法律溯及适用规则，处理好新旧法律的衔接适用问题，避免所适用的法律损害当事人的预期利益。

（一）关于法律解释方法的综合应用

"体系化的功能，不仅在于可对拟处理的资料获得较好之鸟瞰，以及较佳之掌握的可能性，而且为确保所认识之真知，体系化亦构成其唯一之可能途径，盖非经体系化，不能科学地思考或处理问题，并检证自思考或处理问题之经验中所取得的知识。"[1] 以合同效力体系为例，我国民法典将影响合同效力的因素区分为有效要件和生效要件：前者是指合同发生法律约束力所必须具备的条件，即民法典第143条规定的"三要件"；后者是合同实际发生当事人所追求的法律效力应具备的要件。由此，合同效力体系可以进一步分为两大类[2]。

一类是具备有效要件的合同。一般情况下，合同具备有效要件，就可以发生当事人所追求的法律效力，但是在特殊情形下，合同有效但却因欠缺法律规定或当事人约定的特别生效要件而暂时不能发生当事人所追求的法律效力亦即履行效力，例如当事人就合同发生效力约定了条件

---

[1] 黄茂荣：《法学方法与现代民法》，法律出版社2007年版，第525页。
[2] 参见刘贵祥、吴光荣：《关于合同效力的几个问题》，载《中国应用法学》2021年第6期。

或者期限，法律、行政法规规定合同只有经过行政部门审批才能发生效力。① 具备有效要件但不具备生效要件的合同为未生效合同，其与无效合同存在本质区别。未生效合同因已"依法成立"而不仅"对当事人具有约束力"②，而且应"受法律保护"③，其不仅可以产生任何一方当事人不得擅自变更或解除合同以及不得恶意阻止或促成条件成就的消极义务，还可产生负有报批义务的一方履行报批手续等积极义务；而无效合同"自始没有法律约束力"④。

另一类则是欠缺有效要件的合同，还可以区分为无效、可撤销、效力待定合同。无效合同，主要是欠缺不违法或不违背公序良俗的要件。依据法律的具体规定，无效事由包括违反法律、行政法规的强制性规定或违背公序良俗、虚假意思表示、完全无民事行为能力以及恶意串通损害他人合法权益。可撤销合同，是欠缺意思表示真实要件，主要是指合同一方意思表示不真实，具体包括因被欺诈、胁迫、重大误解及乘人之危显失公平的合同。在可撤销合同中，把合同是否有效的权利赋予意思表示不真实的当事人，由其根据有效还是无效对自己更有利而进行选择。虚伪意思表示虽也是意思表示不真实，但系双方或非单方意思表示不真实，因而属于无效合同。效力待定合同，是欠缺主体民事行为能力要件，具体包括限制民事行为能力及无权代理情况下签订的合同，其价值取向与可撤销合同类似。由此可见，对合同效力的判断，不能泛化地适用民法典第143条，以不具备合同有效要件为由认定合同无效，而应去寻找有关具体条款，以界定合同的具体效力状态。⑤

---

① 民法典第502条第1款规定："依法成立的合同，自成立时生效，但是法律另有规定或者当事人另有约定的除外。"这里所谓"依法成立"，应指合同具备有效要件，即具备民法典第143条规定的有效条件；所谓"法律另有规定"，应指民法典第502条第2款规定的"依照法律、行政法规的规定，合同应当办理批准等手续"的情形；所谓"当事人另有约定"，则是指当事人根据民法典第158条、第160条的规定为合同生效约定了条件或者期限。
② 民法典第119条。
③ 民法典第465条。
④ 民法典第155条。
⑤ 参见刘贵祥、吴光荣：《关于合同效力的几个问题》，载《中国应用法学》2021年第6期。

在违法合同问题上，对违法问题的判断，从来都是一个疑难复杂问题，在我国就经历了一个相当复杂的发展过程。民法典第153条第1款在吸收司法实践经验的基础上，就违反强制性规定的法律行为效力作了一个抽象的规定，即违反法律、行政法规强制性规定的合同无效，但例外有效。对于"例外"的理解需要运用法律解释方法进行确定。而在此过程中，也必然涉及价值判断和利益衡量，尤其是要考虑当事人违反法律、行政法规的强制性规定，究竟是仅需承担公法上的责任就可以实现该强制性规定的目的，还是也有必要通过否定合同效力来实现该强制性规定的目的。为此，《民法典合同编通则解释》在总结司法经验的基础上，规定五种情况属于"例外有效"范畴。① 比如，强制性规定不是为了保护合同当事人的民事权益，而是旨在维护政府的税收、土地出让金等国家利益或者其他民事主体的合法利益，认定合同有效不会影响该规范目的的实现。例如，开发商违反《中华人民共和国城市房地产管理法》第39条第1款第1项规定未按照出让合同约定支付全部土地使用权出让金即签订转让土地使用权的协议。司法解释所列举的五种情况是否能够穷尽"例外有效"的所有情况，有待实践进一步验证，但起码在民法典第153条第1款但书部分基础上为审判实践提供了范例式指引。应予注意的是，根据民法典的规定，可以归纳出几种强制性规定不必然导致合同无效的情况：其一，法律、司法解释明确规定违反强制性规定不影响合同效力，例如，当事人订立房屋租赁合同后，未依法办理备案登记，依据民法典第706条的规定，不应影响房屋租赁合同的效力；其二，当事人虽然违反强制性规定，但人民法院还要结合其他法律规定对行为性质进行认定，再在此基础上认定合同效力，例如，当事人违反民法典第399条关于有些财产不得抵押的规定，就需要根据具体情形结合其他法律的规定判断行为究竟是无权处分还是违反法律、行政法规的强制性规定，再据此认定合同效力；其三，如果强制性规定旨在规范合同的履行行为，则合同

---

① 《民法典合同编通则解释》第16条。

原则上不因违反该规定而无效，除非法律、司法解释另有规定或者合同的履行必然违反强制性规定，例如，当事人违反民法典第612条关于出卖人权利瑕疵担保义务规定、第617条关于出卖人违反质量瑕疵担保义务的规定或者第716条关于承租人未经出租人同意转租的规定，都不应影响合同效力。

实践中，往往存在这样的法律事实：作为合同一方当事人的公司的代理人与相对人恶意串通，损害公司合法权益。对此种情况是否可以适用民法典第154条的规定，认定合同当然无效，这涉及文义解释的问题。第154条所称的损害"他人"合法权益，这个"他人"是否包括所代理的公司，从文义解释看，似乎不限于合同主体之外的第三人，还包括所代理的公司。一般情况下，这样的解释结论能够实现保护被损害合法权益的公司的立法目的，但联系特定法律事实，就未必了。比如，该代理人与相对人签订合同时恶意接受明显高出市场价格的交易价，但如果物价急剧上涨，在合同履行时当初约定的价格对所代理的公司更有利，如认定合同无效，反而会使参与串通的相对人获益。再比如，如果相对人为主合同提供担保物权，将因合同无效导致担保合同无效，会对无辜的一方当事人造成"二次伤害"，与立法目的也背道而驰。这就需要进一步寻求更为合理的解释路径：代理人与相对人恶意串通损害被代理公司利益，其显然已属无权代理（在相对人是善意的情况下不影响合同有效，但相对人是恶意的情况下，毫无疑问是影响合同效力的），可以适用民法典第171条、第503条之规定，按效力待定来处理。此时，被代理的公司享有选择权，合同有效对自己有利的，可以追认；对自己不利的，则不予追认。按照这样的解释路径，显然能够在所有代理人与相对人恶意串通的情形，都能达到保护"他人"合法权益之目的。进一步考量的是，如果法定代表人与相对人恶意串通是否也可以沿袭这一思路，对民法典第504条进行目的扩张解释以作出类似处理，殊值深入探讨。

（二）关于民法典与商事特别法的适用关系

我国采取的是民商合一的立法体例，在民法典之外还存在大量商事特别法，在适用法律时必须以整体思维处理好二者之间的关系。一般来讲，在二者发生冲突的情况下，应当优先适用商事特别法的规定。不过，由于有些商事特别法是在民法典之前制定的，且其内容大量涉及一般性规则，并非仅仅适用于商事主体或者商事行为，这就可能同时产生新法优先于旧法的适用问题。以《中华人民共和国公司法》（以下简称公司法）为例，该法制定于1993年，当时虽有《中华人民共和国民法通则》关于法人的一般规定，但这些规定显然过于简单，无法满足实践的需要。在此背景下，公司法包含了大量法人制度尤其是营利法人制度的一般规则，实际上担负着构建法人制度尤其是营利法人制度一般规则的使命。在民法典制定过程中，立法机关将公司法中的一些条文经提炼或者修改后规定到了《中华人民共和国民法总则》，但并未同时修改公司法，这就造成法律适用上的困难：一方面，根据特别法优于一般法的法律适用规则，应适用公司法；但另一方面，凡是民法典与公司法及其司法解释规定不一致的地方，显然又是立法者有意要修改法律，如果一概适用公司法及其司法解释，则立法者的上述目的显然无法实现。正因为如此，《全国法院民商事审判工作会议纪要》在坚持特别法优于一般法的前提下，规定了若干例外情形，以防止民法典对公司法所作的修改被架空。目前，公司法正在修订过程中，一旦完成修订，则公司法与民法典的关系，不再是旧的特别法与新的一般法的关系，而是新的特别法与旧的一般法的关系。不论是基于新法优于旧法、还是特别法优于一般法的法律适用规则，修订后的公司法与民法典不一致的，应当优先适用公司法的规定。

再如，民法典施行后，我们还面临担保制度与破产制度的关系问题。民法典将所有权保留买卖、融资租赁、保理等规定为具有担保功能的合同，主要目的是通过登记制度来解决交易安全问题和担保物权之间的冲突问题。但是，所有权保留和融资租赁中的出卖人、出租人对标的物毕竟享有所有权,因此,在买受人、承租人破产的情况下,仍应认为出卖人、出租人享有取回权,只不过在行使该权利的同时,须承担清算义务。

(三)关于新旧法律、司法解释的衔接适用

民法典施行后,在相当一段时间内,人民法院都会面临新旧法律、司法解释的衔接适用问题。为解决这一问题,最高人民法院不仅发布了《关于适用〈中华人民共和国民法典〉时间效力的若干规定》(以下简称《民法典时间效力司法解释》),还于2021年4月发布了《全国法院贯彻实施民法典工作会议纪要》。但是,对于一些问题仍存在争议:第一种情况涉及《民法典时间效力司法解释》本身的理解与适用。例如,合同订立在民法典施行前,但违约行为持续到民法典施行后,应当适用民法典还是原来的合同法。这就涉及《民法典时间效力司法解释》第1条的理解与适用。笔者认为,合同成立是发生合同关系的法律事实,而违约并非引起合同关系的法律事实,因此合同纠纷案件的审理原则上还是应当适用合同成立时的法律。当然,根据《民法典时间效力司法解释》,如果民法典的相应规定具有溯及力,则应当适用民法典的规定。第二种情况涉及新司法解释的时间效力。关于新司法解释的溯及力,应根据司法解释涉及的问题区分两种情况处理:其一,如果新司法解释涉及的是民法典没有变化的规则,则新司法解释原则上有溯及力,即溯及到该规则施行之时,但如果适用的是旧法,就只能将新司法解释的规定作为裁判说理的依据,不能作为裁判依据。例如,《民法典担保制度解释》第52条就抵押预告登记的效力作出了规定,但预告登记制度早在物权法中就有规定,抵押预告登记的实践也早已有之,因此,尽管《民法典担保制度解释》是根据民法典制定的,但司法解释关于抵押预告登记效力的规定,也可以作为我们理解和适用物权法关于预告登记规定的依据。其二,如果新司法解释涉及的是民法典有变化的规则,则新司法解释是否有溯及力,应取决于民法典这一规则本身是否有溯及既往的效力,只有在民法典这一新规则有溯及力时,新司法解释的相应规定才有溯及力,否则就没有溯及力。例如,《民法典担保制度解释》第 13 条关于共同担保人之间相互追偿的规定,就应区分共同保证和混合共同担保:如果是共同保证,因《中华人民共和国担保法》及其司法解释与民法典的规定不一致,且民法典就这一问题的规定不具有溯及力,故《民法典担保制度解释》就不具有溯及力;但是对于混合共同担保,因物权法与民法典的规定并不冲突,《民法典担保制度解释》自然可以溯及到物权法施行之时。

【执行局长论坛】

新时代人民法院"执源治理"问题研究[*]

黄文俊[**] 王富博[***] 刘永存[****] 盛 强[*****]

引 言

近年来，特别是2015年立案登记制改革以来，人民法院坚持有案必立、有诉必理，畅通了人民群众诉讼渠道，长期困扰人民群众的"立案难"问题得到基本有效解决。随之而来的是大量案件涌入人民法院，案件量长期保持高位运行态势，办案压力不断增大，一定程度上超出了人民法院可承受之重，甚至可以说不堪重负。与此对应，因诉讼案件数量基础庞大，有大量生效裁判因当事人未自动履行而进入人民法院执行程序。同时，仲裁、公证等多元纠纷解决机制形成的生效法律文书，一旦得不到当事人自动履行，同样会大量涌入人民法院执行程序，需要人民法院执行工作"兜底"，事实也确实如此，导致执行案件量居高不下，长期高位运行，并未随着多元纠纷解决机制的逐步完善而相应减少。这既与习近平总书记提出的"我国国情决定了我们不能成为'诉讼大国'"

---

[*] 本文原刊载于《中国应用法学》2023年第6期。
[**] 最高人民法院执行局局长。
[***] 最高人民法院执行局副局长。
[****] 最高人民法院执行局执行指挥调度室主任、一级调研员。
[*****] 最高人民法院执行局三级高级法官助理。

重要指示和中央关于"从源头上减少诉讼增量"明确要求存在较大差距，也难以更好抓实抓好"公正与效率"工作主题。为了更好"抓前端、治未病"，推动矛盾纠纷实质化解，进而从源头上减少执行案件数量，推动解决"执行难"问题，有必要对"执源治理"问题作深入研究。

一、调研工作基本情况

本次调研主要采取座谈交流、书面调研、实地调研、专题调研和数据统计分析等方式进行。一是座谈交流。2023年4月12日，在第二期全国法院执行局长"促公正、提效率、强队伍"专题培训班期间，最高人民法院执行局组织部分高、中、基层法院执行局长开展专题座谈交流，了解地方法院"执源治理"工作开展情况，听取关于推进"执源治理"的意见建议。二是书面调研。2023年5月17日，向各高级人民法院和新疆生产建设兵团分院执行局下发《关于开展"新时代人民法院'执源治理'问题"调研的通知》，全面收集和整理地方法院"执源治理"工作情况。三是实地调研。2023年4月24日至4月25日，赴辽宁大连、沈阳开展实地调研。2023年5月22日至5月25日，赴江苏、浙江、上海开展调研，实地调研江苏省南京市鼓楼区人民法院、浙江省杭州市钱塘区人民法院、上海市长宁区人民法院，并在南京市中级人民法院召开座谈会，与江苏、安徽两省三级法院相关负责同志座谈交流。2023年5月24日至5月31日、6月6日至6月12日，派员随最高人民法院咨询委员会第三调研组相继赴贵州、吉林两省开展"立审执"全流程解决执行难问题调研。其间，调研组深入贵州遵义、铜仁、黔东南、贵阳，吉林长春、吉林、延边等地中、基层法院和人民法庭，通过听取汇报、座谈交流、调阅资料、实地查看等形式，详细了解贵州、吉林两省三级法院开展"立审执"全流程解决执行难问题工作开展情况。四是专题调研。针对当前涉及仲裁裁决特别是网络仲裁裁决、公证债权文书的执行案件不断增加的实际情况，组织开展仲裁裁决和公证债权文书执行问题专题调研。五是专项数据分析。根据最高人民法院张军院长"要通过大数据分析，深化解决执行难问题、思考执行难的源头问题"指示要求，对近年来全国法院执行案件进行了大数据专项分析，指导江苏、浙江、上海高级人民法院和山东省济南市中级人民法院就信用卡纠纷、小标的案件等类型案件进行了专项数据分析，从中找出规律、分析问题、提出在"执源治理"方面的对策建议。

二、地方法院"执源治理"实践探索

调研发现，虽然当前"执源治理"工作还未在全国法院范围内全面铺开，但各地法院结合执行工作实际，进行了许多有益探索，积累了一些实践经验。

贵州省高级人民法院于2022年10月印发《关于开展执源治理工作的实施意见（试行）》，成立"执源治理"工作领导小组和工作专班，扎实开展"执源治理"工作，收案数实现了由2021年同比上升75.18%到2022年同比下降1.7%的转变，执行案件增长势头初步缓解。吉林省高级人民法院2022年7月印发《关于在民事审判工作中推行执行通知程序前置改革的实施意见》，在具有给付内容的民事判决和调解书中载入执行通知内容。此项改革实施以来，已在符合载入执行通知条件的64647件法律文书中载入执行通知60098件，减少重复通知13442次，减少重复通知率22.37%，自动履行案件7033件，每个执行案件平均用时缩短4.59天。浙江法院坚持和发展新时代"枫桥经验"，推进执前督促工作，建成27160家共享法庭，将协助督促履行纳入重要工作内容。2022年自动履行率逐年上升至51.33%，执行收案逐年下降，从全国第三位下降到第八位，"执源治理"工作取得明显成效。2020年天津市成立由21家市直机关单位参加的市司法裁判执行联动中心，围绕6个方面工作任务，明确各成员单位配合执行的51项具体职责，市公安局等8家单位派员带设备到天津市高级人民法院执行局驻点办公。在此基础上，截至2022年6月，天津全部16个区均先后建成区级联动中心。河南法院探索实行"公安+法院"执行工作模式，全省65家基层法院成立了执行警务室，公安民警派驻法院，配合法院执行工作。以安阳市中级人民法院为例，2020年以来，安阳两级法院执行警务室共协助查询被执行人信息11519次，车辆信息1789辆次，协助拘留268余人，执行逮捕犯罪嫌疑人、被告人23人，网上追逃72人。内蒙古自治区通辽市中级人民法院针对部分标的金额小、矛盾相对缓和、债务人法律认识不到位的纠纷案件，通过教育引导、强制威慑等方式，督促债务人自动履行义务，提高自动履行率，从源头上化解矛盾，减少进入强制执行程序的案件数量，2022年受理执行案件数同比下降20.62%。北京市房山区人民法院建立生效裁判文书督促履行机制，将自动履行告知书与裁判文书同时送达，明示不履行的法律后果。履行期限届满前，通过电话、专用短信平台推送自动履行提示。2023年1月至5月，自动履行生效裁判525件，金额达7877万元。江西省南昌市东湖区人民法院将执行通知前置到判决书中，告知拒不履行生效文书确定义务的风险和后果，督促当事人主动履行，2023年1月至5月，该院执行案件自动履行率同比上升15%。浙江、江西、宁夏等地法院大力实施自动履行正向激励机制，加强对诚信行为的联合激励，助力诚实守信的营商环境，提升自动履行率。

三、调研发现的主要问题

调研发现，执行案件长期保持高位运行态势没有从根本上得到有效遏制，既是经济社会发展转型期形成的矛盾纠纷在法治领域的客观反映，具有一定的客观必然性，也是综合治理执行难未能有效发挥和人民法院内部"立审执"协调配合不畅的直接体现。影响"执源治理"的问题突出表现在以下几个方面。

（一）综合治理执行难工作机制尚未完全形成

2019年7月，中央全面依法治国委员会印发《关于加强综合治理从源头切实解决执行难问题的意见》（以下简称《文件》），这是"执源治理"工作的纲领性文件。《文件》将加强执行联动、综合治理作为源头治理执行难、预防和减少执行纠纷的重要措施。《文件》印发后，各地区根据本地工作实际，纷纷出台贯彻落实《文件》的实施意见、任务分解方案等，成立执行工作部门协作联动小组，制定相关制度，形成一系列行之有效的制度和机制，综合治理、源头治理执行难取得阶段性成效。与此同时，各地区、各部门贯彻落实《文件》的进度不一，不平衡不充分问题一定程度存在，一些制约执行工作长远健康发展的综合性、源头性问题尚未得到根本解决。一是常态化工作机制不健全。有些部门执行协作联动主动性不强，积极性不高，往往需要反复沟通协调。有些地区执行联动机制虽已建立，但未制定日常工作或者考核制度，督查问责缺少科学依据，推动《文件》落实缺乏有力抓手。二是工作要求没有全面落实。执行查控系统还存在覆盖面不广，反馈信息不准确、不及时等问题。截至2023年6月，对被执行人的150项联合惩戒措施中仍有多项未落实到位。有些地区公积金、社保等联动部门在具体办案时需逐级请示，经常出现流转不畅问题。有些地区通信部门认为当事人通信信息属于保密信息，法院无权调取。调研期间，西南某省某市两级法院干警反映，执行查控系统有"宕机"现象，很多账户在查控系统中查不到，到柜台才能查到，不动产查控未实现市域联网，很多时候仍需"登门临柜"，送拘手续烦琐，较为困难。2020年西北某省（区）三级法院提请公安机关查控被执行人2642人，公安机关仅查控5人，占应查控人数的0.19%。南部某省公安人口信息、车管、边检等部门对法院的协助力度不够，部分法院和公安的信息共享仍停留在查询户籍信息上，查询被执行人酒店、飞机、出入境以及车辆记录的权限不足。三是联合信用惩戒自动化程度不高、效果有限。很多联动单位未能实现将失信被执行人信息嵌入本单位管理、审批工作系统中，未能实现自动比对、自动惩戒。信息共享不全面，社会信用信息壁垒和"孤岛"现象仍然存在。例如，东部某省（市）所辖各区、各部门之间基于保密要求，对共享数据的积极性不高，造成信息"孤岛"和数据壁垒，法院与许多部门还未实现全面联网，导致执行信息化系统功能不完善，信息反馈不及时，效率比较低。四是公检法三机关对拒不执行判决、裁定罪尺度把握不完全统一，影响了整体工作效果。存在移送多、立案少、起诉少问题，入罪更是寥寥无几，运用刑罚手段打击和预防拒执的威慑力未得到充分发挥。调研期间，很多律师反映，当事人经常咨询的问题是如何规避执行，不用还钱，而不是积极主动履行义务。例如，华北某省高院、省检察院和省公安厅虽然就打击拒不执行判决、裁定罪建立了执行联动机制，但在实际操作过程中，部分基层单位对拒不执行判决、裁定罪的认识不同，尤其是在立案标准、证据采信等方面存在差异。南部某省法院反映，一些地方的公安机关在移送拘留、拒执立案、车辆控制等方面配合力度不足，当地拘留所、看守所对被拘留人身体条件掌握非常严苛，只要被拘留人声称患病就要求法院查体，哪怕血压高通常都不收拘。

（二）"诉源治理"效果未能有效延伸到"执源治理"

"执源治理"与"诉源治理"密不可分，"诉源治理"效果直接影响"执源治理"成效。近年来，"诉源治理"取得积极成效，但效果没有充分传导到"执源治理"。一是审判案件向仲裁、公证转移，但仍需执行"兜底"。随着"诉源治理"工作的不断深入，以及多元纠纷解决机制的不断健全，人民法院受理的诉讼案件总量呈下降趋势，但越来越多的当事人出于经济性和便捷性考虑，尝试通过仲裁、赋强公证等方式确认债权债务关系，近年来就出现了大量互联网金融借款纠纷网络仲裁案件。这些案件的生效法律文书不能自动履行，债权人仍会申请人民法院强制执行，形成新的执行案件增长点。2020年至2022年，东部某省某市法院新收首执案件中以非民商事诉讼裁判文书为执行依据的案件占比分别为21.9%、22.8%、21.6%，这些案件无法通过多元纠纷解决机制实现"执源治理"。执行案件总量并未随着多元纠纷解决机制的发展而减少，以2022年为例，全国法院受理执行案件（不含保全案件和恢复执行案件）总计981.96万件，同比仍增长3.5%。二是调解结案进入执行程序的比例居高不下。东部某省高院统计，执行依据为民事调解书的首执案件逐年增长，2020年为48819件，2021年为110605件，同比增长126.56%，2022年为117457件，同比增长6.20%。2020年至2022年，执行依据为民事调解书的首执案件数占本年度首执案件数比重分别为10.88%、21.76%、22.31%，呈逐年递增趋势。2020年至2023年5月，东部某省三级法院调解书进入执行程序的比例约为40%，2021年至2022年虽下降至30.4%，但仍相当于有近三分之一的调解案件进入执行程序。南部某省三级法院调解书进入执行程序的比例约为36.25%。2022年西北某省三级法院调解书进入执行程序的比例为42.39%。2023年1月至5月，西北某省（区）三级法院民事一审调解结案共64794件，进入执行程序的案件共计36556件，占比约为56.42%。

（三）"立审执"配合不畅，未能形成解决执行难合力

最高人民法院于2011年10月和2018年5月相继印发《关于执行权合理配置和科学运行的若干意见》和《关于人民法院立案、审判与执行工作协调运行的意见》，从立案、审判、执行、财产保全到机制运行，都进行了较为明确的规定。但调研发现，很多地区"立审执"协调配合工作机制运行不畅，"脱节"情况时有发生，立案、审判不管执行，"案已结"而"事未了"情况依然严峻，导致一些执行案件难以执行，不能及时兑现胜诉当事人合法权益。概括起来，主要包括下列情形。

一是保全的积极作用未能充分发挥。有保全财产的执行案件执行完毕率远远高于未保全案件。被告在诉讼过程中转移、隐匿、变卖财产，极大增加了届期履行不能的风险。执行前已进行财产保全，进入执行后便可直接执行，既减少了执行程序流转，又能提升执行实际到位率，更能倒逼被执行人主动履行，从而从源头上减少执行案件，实践效果良好。但调研发现，很多法院保全率并不高，2020年至2022年，华北某省（市）三级法院财产保全案件数分别为28015件、33839件、29265件，保全率分别为6.7%、6.1%、5.8%，以保促执案件数分别为6402件、7840件、7214件。近三年，西北某省（区）三级法院财产保全率不

足 5%。

二是审判未能兼顾执行。主要体现为，生效法律文书确定内容与政策法规不符、法律文书缺乏给付内容而不具有可执行性、生效法律文书内容脱离实际等方面。例如，在建设工程施工合同纠纷案件中，判令被告代开工程款增值税专用发票，但依据《税务机关代开增值税专用发票管理办法（试行）》第2条、第5条规定，只能由主管税务机关为所辖范围内的增值税纳税人代开专用发票，其他单位和个人不得代开，且增值税纳税人是指已办理税务登记的小规模纳税人（包括个体经营者）以及国家税务总局确定的其他可予代开增值税专用发票的纳税人，因此，建筑行业自然人不得代开增值税专用发票，法院判决自然人代开增值税专用发票即属无法执行。

三是裁判文书质量不高导致后续执行难。主要体现为，裁判文书出现文字错误、行为类执行案件中对行为方式和标准表述不明确、给付类执行案件中对给付标的物的范围和特征等表述不具体、不明确等方面。例如，在探视权纠纷案件中，判决对探视的方式、具体时间和地点等内容没有明确，裁判结果为"申请人某某每月探视子女两次"，以致双方当事人各执一词，具体如何执行无法操作。在返还原物纠纷案件中，对标的物的特征、属性等判决表述不清或者根本不予描述，执行过程中引发当事人争议。例如，某判决书判令"被告返还原告楸木四节"，因没有相应尺寸，故双方当事人在返还中因长短、粗细发生争议，以致执行困难。2021年至2022年，华北某省（市）三级法院因生效裁判文书主文不确定或者不具可执行性导致的"执行不能"案件比例为0.15%。中部某省三级法院因生效裁判文书主文不确定或者不具可执行性导致的"执行不能"案件比例约为1%。这一情况在刑事涉财案件中表现尤为突出。刑事判决判项中涉财产执行内容，如退赔数额、违法所得数额、没收财产具体金额不明确；退赔被害人损失的，缺少被害人姓名或者名称、身份证号码或者社会信用代码，联系方式及退赔金额；需要处置的财产或者赃证物，保管单位及联系人不明确；不全面考虑被告人的财产状况和实际履行能力，处以高额罚金；等等。

四是立案、审理阶段工作不扎实导致执行难。主要体现为，当事人身份信息审查不严、没有依法追加当事人、判项中遗漏负有履行义务的当事人、财产保全不到位、审判执行间存在"真空期"、执行移交材料不完整不及时、多个判决之间衔接不畅及存在冲突、反复再审一定程度制约执行等方面。例如，某合同纠纷案件中，原告并没有诉被告的配偶，判决生效后案件进入执行程序，发现很多财产都登记在被执行人配偶名下，申请人申请追加被执行人配偶为被执行人，而在执行程序中追加被执行人必须遵循法定主义原则，既不能超出法定情形进行追加，也不能直接引用有关实体裁判规则进行追加，使执行案件陷入困境。

五是判后督促履行工作不力。调研发现，目前很多当事人并不十分了解不及时履行生效法律文书可能承担的不利法律后果，而审判部门往往又不会主动采取判后释明、督促履行等措施，一定程度导致裁判文书自动履行率不高。据初步统计，近五年，民商事案件当事人自动履行率在33%~46%之间波动，约有54%~67%的民商事生效裁判进入执行程序。并且，近五年当事人自动履行率有逐年下降趋势。

六是"执转破"衔接不畅，终本案件难以有序退出，执行历史负担沉重。目前，全国法院现有无财产可供执行的终本案件基数较大，且每年均有一定幅度增长。这些案件中的被执行企业相当一部分符合破产条件，但受多种因素掣肘，导致相关企业在出现破产原因之初未能进入破产程序，及时进行重整挽救或者清算退出，判决后产生大量"执行不能"案件，最终只能以终本方式结案。这类终本案件"执转破"面临的重重困难，主要表现为九个方面，可概括为"四个不愿"和"五大难题"，且内在关联。"四个不愿"即"申请执行人不愿、被执行人不愿、执行法官不愿、审判法官不愿"，"五大难题"即"启动难、受理难、标准掌握难、立审执衔接难、判决难"。此外，"执转破"的法律依据不多，制度供给不足，特别是自然人破产尚无法律依据，以致各方面对推进"执转破"工作的积极性不高、主动性不强，工作效果也不明显。据初步统计，目前终本案件被执行人构成中，有超过七成案件的被执行人包含自然人，有近六成案件的被执行人仅为自然人。如自然人破产能够立法，自然人破产制度能够确立，可以预见，有相当数量的自然人能够迅速将债务重整，轻装上阵。不仅能让"诚实而不幸"的个人有东山再起的机会，而且也能畅通个人为被执行人"执行不能"案件的出口，消化终本案件存量。当然如何平衡好与债权保护的关系，也是一个十分重要且复杂的问题。

（四）工作保障不足，执行条线"人案比"严重失衡

调研发现，执行条线"人案比"严重失衡，难以应对不断增长的办案压力。据统计，2018年至2022年，地方各级法院受理执行案件4577.3万件，执结4512.1万件，办案压力巨大。以2022年为例，全国法院执行案件结案917.03万件，执行员额法官人均办案537件，有的法院执行员额法官人均办案甚至达1000件以上。在西南某省调研期间了解到，2022年该省某市两级法院执行员额法官人均收案1376.67件，辖区某基层法院执行员额法官人均办案2095件，另一基层法院执行员额法官人均收案3713.6件，执行员额法官人均办案最少的辖区某基层法院也达到434.8件。2020年至2022年，西南某省（区）三级法院执行法官和执行案件数的比例分别为1∶425、1∶568、1∶632，执行法官办案压力逐年增大。调研中，基层法院执行干警普遍反映："每个执行案件都有数十个流程，程序一个不能少、标准一点不能低、动作一个不能省，否则就可能违反法定程序要求或者违法。"一些法院执行干警入额没有得到同等对待，员额法官占比明显偏少，不少中、基层法院执行员额法官配备比例低于其他业务部门。执行信息化建设经费投入大，而且需要长期连续性投入，否则有"不进则退"的风险，但近来受多方面因素影响，导致信息化建设投入难以为继。为应对信息化执行工作模式而建立的执行指挥中心，在全国绝大多数地区处于缺编、缺人、缺钱的"三缺"境况，执行指挥中心实体化运行困难重重，执行现代化建设举步维艰。

（五）能动司法不力，未能有效实现"抓前端、治未病"

预防和减少社会矛盾纠纷，推进"执源治理"，需要立案、审判、执行工作中针对个案、类案发生的原因，收集、汇总、研究、提炼有关部门治理、行业治理、条线治理等社会治理中存在的问题，认真分析，深入研判，拿出对策，主动向有关部门提出针对性司法建议，促进有关部门科学决策、完善管理、消除隐患、改进工作、规范行为。但调研发现，各地法院对于司法建议措施运用得不好，效果没有真正发挥。例如，面对日益增长的涉信用卡纠纷、仲裁裁决特别是网络仲裁裁决、小标的执行案件，没有深入分析原因，通过发送司法建议等方式努力实现"审理一案，治理一片"，推动矛盾纠纷化解从终端裁决向前端防控转变，从根本上减少案件发生。东北某省三级法院执行条线近三年未发出一份司法建议，华北某省（市）三级法院执行条线近三年发出司法建议16份，数量相对较少。

（六）执行威慑力不足，未能有效震慑逃避执行行为

执行领域的突出问题很多受制于客观条件，如社会信用体系建设滞后，企业、个人信用情况的基础信息不全面、不真实，为逃避执行提供了可乘之机。有些公民诚信意识不强，不是想着怎么还钱，而是首先想着怎么"赖账"，很多当事人在诉讼前就开始转移、隐匿财产，使市场主体、管理部门发现风险、防范风险难度极大，成本极高。执行手段措施不足，通常就是"查、冻、扣、拍"，对信用惩戒，民事诉讼法仅有一个条文；对逃避执行的企业，现行法律没有关于委托审计、银行提供资金走向的明确规定，司法拘留适用非常审慎且存在收拘机关要求条件苛刻、限制多、异地拘留交接困难等问题。当前，多数具体执行措施依靠有关执行政策、司法解释作支撑，未能及时上升为法律，权威性不够。例如，对于根本无意向履行的"老赖"，司法拘留15天的处罚力度明显不足，难以达到预期目的，甚至有些"老赖"宁愿被司法拘留也不肯主动履行

义务。公检法三机关对拒不执行判决、裁定罪尺度把握不完全统一，影响了打击整体效果，存在移送多、立案少、起诉少问题，入罪更是寥寥无几，刑罚威慑力未得到充分有效发挥，执行威慑力不足。2022年，北部某省（区）辖区某基层法院向公安机关移送3件涉嫌"拒执罪"的民事执行案件，但均被以未达到立案条件而退回。调研期间，各地法院普遍反映，当前"查人找物难"，特别是其中的"查人难"问题未得到根本有效解决。

四、对策建议

最高人民法院张军院长指出："要围绕厚植党长期执政的政治根基，坚持个案办理与诉源治理一体推进，把'抓前端、治未病'贯穿于刑事、民事、行政审判和执行各领域全过程……"针对调研中发现的六个方面的主要问题，结合执行工作实际，提出如下建议。

（一）坚持问题导向和效果导向，内外共治，推进"执源治理"

首先，要完善对外的执行联动工作机制。一是健全综合治理执行难工作大格局，可推广天津司法裁判执行联动中心做法，推进综合治理执行难制度化、机制化、常态化。二是加强与公安机关联动，着力提升查人找物能力。三是以清单式管理，分步推进尚未落实的联合惩戒措施落实落地。四是加强与公安、检察机关协作，加大打击拒执犯罪力度。五是加强与司法行政部门协作，有效减少因不规范仲裁、公证导致的执行难问题。

其次，完善人民法院内部"执源治理"工作机制。一是推进"立审执一体化"，从源头上减少执行案件数量。完善诉讼保全制度，提升诉前和诉中财产保全比例；建立"双向列席"机制，审判法官和执行法官可以跨部门参与法官会议；构建内部"执行建议"制度，推动审判前端存在问题的化解；建立判后督促履行制度，实行"谁办理、谁审理、谁负责督促履行"机制。二是建立风险告知和提示制度，将诉讼、执行风险特别是"执行不能"风险告知和提示贯穿于立案、审判全过程。三是提升裁判文书特别是调解书的确定性和可执行性,以考核倒逼承办法官和合议庭主动考虑案件后续执行问题。四是推进人民法庭直接执行机制。

(二) 加快推进"终本清仓""执破融合"两个"出清"

推动立法机关修订企业破产法相关规定,畅通无财产可供执行案件"出清"问题。推进"执转破"工作,全面筛查终本案件库,梳理一批符合条件的"执转破"案件,指导全国法院攻坚一批。建议立法机关增加"执行不能"案件依职权破产制度,允许执行机构在办理执行案件过程中可以依职权将符合破产条件的案件移送破产审查。增加简易破产程序,解决现行破产程序过于复杂、耗时过长、耗资过多等弊端,提高破产制度适用比例。探索自然人破产制度,为自然人作为被执行人的"执行不能"案件建立出口。

(三) 强化执行队伍建设,强化人财物保障

一是根据执行案件增长和占比情况,确定合理的"人案比",进一步优化执行资源配置,完善落实"以案定编""以案定额"人员编制、员额动态调整机制。二是选优配强各级法院执行局领导班子;推动各级法院执行局长在办理任免手续前,应征得上一级人民法院同意机制贯彻落实,上级人民法院认为下级人民法院执行局局长不称职的,可以建议有关部门予以调整、调离或者免职。三是推进审判、执行人员常态化交流轮岗机制,严格落实入额前原则上有一年执行工作经历要求。四是加强执行警务保障,加强执行威慑力。五是加强对执行工作的财力支持,确保执行信息化建设、执行转破产、执行救助等工作经费,推进将涉诉党政机关债务纳入预算管理,加强破产等专项经费保障力度。

执行语境下刑事裁判涉财产部分执行若干实践境遇及对策建议

毛 剑[*] 李春春[**]

刑事裁判涉财产部分执行是执行工作的重要组成部分，但囿于现有体制、机制、规制不完善等原因，实践中还存在诸多的堵点、痛点、难点，且多是系统性、全局性的，直接影响着案件执行效率，引发当事人、案外人申诉信访。实际上，对于刑事涉财执行"疑难问题"，有些确需从理论上再行架构以供顶层决策设计，但是有些争议在现行法律规定、机制框架下，通过辨法析理、规范管理是可以解决的。本文选取了A省法院在习近平新时代中国特色社会主义思想主题教育期间开展的关于刑事涉财执行调研中的几个实践境遇问题进行思考，以期对理解、解决刑事涉财执行实务问题有所帮助。

一、刑事裁判涉财产部分执行的立案规则问题

（一）实践境遇

根据《最高人民法院关于刑事裁判涉财产部分执行的若干规定》（以下简称《刑事涉财执行规定》）第7条规定，刑事涉财部分移送执行，

---

[*] 安徽省高级人民法院审判委员会委员，执行局局长。
[**] 安徽省高级人民法院执行局法官助理。

立案部门审查认为属于移送范围且材料齐全的，应当在七日内立案，但对立案规则并未明确。实践中的做法主要有以下几种：（1）依执行依据立案，一份刑事裁判文书立一个执行案件；（2）依裁判事项立案，一项刑事裁判内容立一个执行案件；（3）依被执行人立案，一个被执行人立一个执行案件。后两种情形可以称之为"分立情形"。以 A 省为例，2020 年至 2022 年全省法院共立案刑事涉财执行案件 84422 件，关联到的刑事案件仅有 55047 件，相差 29375 件，是为分立案件造成的。

（二）对策建议

《最高人民法院关于进一步规范指定执行等执行案件立案、结案、统计和考核工作的通知》提出要"解决一案多立带来的数据失真问题，确保一个执行依据原则上只能立一个首次执行案件的工作要求落地"，对刑事涉财执行案件能否"分立"不进行明确，往往会带来案件数据失真、影响决策的问题。从现有规定看，《最高人民法院关于进一步强化和规范涉黑恶刑事案件财产执行工作的通知》第 5 条规定："移送执行的涉黑恶案件在录入系统时应单独注明。一份生效裁判文书一般立一个执行案件；有多名被执行人，分别立案更利于执行的，也可以分别立案"，其认可了以"利于执行"为由按被执行人分立案件的做法。

笔者认为，"一个执行依据只能立一个首次执行案件"应是执行立案规则的总体要求，刑事涉财执行案件能否"分立"，并不在于能否区分"被执行人"或者"执行内容"来立案，真正要探讨的是"利于执行"是否必要或者如何把握。分析《最高人民法院关于执行案件立案、结案若干问题的意见》第 7 条规定的拆分立案情形可知，执行案件"分立"的原因主要为：（1）生效法律文书给付内容存在分期履行，包括赡养费、扶养费、抚养费未确定一次性给付的，主要从维护权利人权益角度"分立"；（2）生效法律文书确定多个债务人各自单独承担责任，或者多个债权人各自享有明确债权的，主要基于权利人意思自治而"分立"，见表 1。

表1 执行案件分立情形汇总

序号	分立情形
1	生效法律文书确定的给付内容为分期履行的，各期债务履行期间届满，被执行人未自动履行，申请执行人可分期申请执行，也可以对几期或者全部到期债权一并申请执行
2	生效法律文书确定有多个债务人各自单独承担明确的债务的，申请执行人可以对每个债务人分别申请执行，也可以对几个或者全部债务人一并申请执行
3	生效法律文书确定有多个债权人各自享有明确的债权的（包括按份共有），每个债权人可以分别申请执行
4	申请执行赡养费、扶养费、抚养费的案件，涉及金钱给付内容的，人民法院应当根据申请执行时已发生的债权数额进行审查立案，执行过程中新发生的债权应当另行申请执行；涉及人身权内容的，人民法院应当根据申请执行时义务人未履行义务的事实进行审查立案，执行过程中义务人延续消极行为的，应当依据申请执行人的申请一并执行

上述"分立"案件的理由，在刑事涉财部分移送执行立案时是不存在的，不能对被执行人、执行内容随意选择。支持"分立"的理由主要是认为如果刑事生效裁判确定的被执行人众多但履行能力不一，或者生效裁判内容较多但执行难度不一，会导致案件长期无法结案。但抛开特定情形、特别要求，其并不能作为"分立"理由：因为执行案件本身就有执行期限限制，当多个被执行人分别承担义务、执行内容明确时，分别执行即可；当多个被执行人共担责任、执行内容互有交叉时，更不应"分立"，以免导致案件虚增、统计失真。

二、追缴违法所得的执行范围问题

（一）实践境遇

调研中，执行法院反映较多的一个问题是当对被执行人应当追缴、没收的涉案财产存在灭失、去向不明、为他人善意取得或者与其他合法财产混同且不可分割情形时，是否能执行被执行人的等值合法财产？一种观点根据任何人不能从违法犯罪中获得利益的基本原则，认为可以执行被执行人的等值财产，而另一种观点则认为追缴违法所得应以违法犯罪所得为限，不应执行被执行人案外合法所得。

刑法第64条规定，犯罪分子违法所得的一切财物，应当予以追缴或者责令退赔；《最高人民法院关于适用〈中华人民共和国刑事诉讼法〉的解释》（以下简称《刑事诉讼法解释》）第445条第2款规定，对判决时尚未追缴到案或者尚未足额退赔的违法所得，应当判决继续追缴或者责令退赔。违法所得是犯罪分子因实施犯罪活动而取得的全部财物，对违法所得进行追缴、退赔是司法机关的共同义务。实际上，根据《刑事涉财执行规定》第1条规定，对于犯罪分子的违法所得，移送执行的事项主要包括两种：一是对已经查扣到案的违法所得，退还给被害人或者没收上缴国库；二是对尚未查扣到案或者未足额退赔的违法所得继续追缴，包括向被告人、第三人追缴赃款赃物及其收益。《刑事涉财执行规定》第6条要求刑事裁判对追缴、责令退赔的金额或者财物名称、数量等信息予以明确。但实践中，经常遇到刑事裁判对随案移送财物处理未作规定或者规定不明确，以及除随案移送财物外发现被执行人名下还有其他财物等情况，财物处理往往涉及被执行人、被害人、案外人多方利益，极易产生争议，应特别慎重。

（二）对策建议

涉案财物是否属于违法所得、赃款赃物的认定理应归属审判实体程序，所以当刑事裁判对于随案移送财物及其孳息未予认定时，执行机构只能从权利外观上进行甄别：如果随案移送财物及其孳息外观上属于案外人所有，那么应当提请审判部门释明后作出处理；如果随案移送财物及其孳息外观上属于被执行人所有，对追缴判项是否能够执行该移送财物也应当提请审判部门释明后作出处理。除随案移送财物外，执行中发现被执行人名下其他财物的处理，没有争议的是：如果刑事裁判认定其为违法所得、赃款赃物的，可以直接执行；当赃款赃物转化为其他形态、流转的，按照《刑事涉财执行规定》第10条、第11条予以追缴；如果对是否属于违法所得或者赃款赃物不明确，应由审判部门释明或者以裁定形式予以明确，原则上不宜直接执行。

在黑恶势力犯罪刑事涉财执行中，根据最高人民法院、最高人民检察院、公安部、司法部印发的《关于办理黑恶势力犯罪案件若干问题的指导意见》第29条、《关于办理黑恶势力刑事案件中财产处置若干问题的意见规定》第19条、反有组织犯罪法第45条规定，以及在走私成品油构成的走私普通货物罪案件涉财部分执行中，根据最高人民法院、最高人民检察院、海关总署印发的《打击非设关地成品油走私专题研讨会会议纪要》第5条规定，依法应当追缴、没收的涉案财产无法找到、被他人善意取得、价值灭失或者与其他合法财产混合且不可分割的，可以追缴、没收被执行人其他等值财产。

对于其他刑事涉财执行案件，当依法应当追缴的涉案财产无法找到、被他人善意取得、价值灭失或者与其他合法财产混合且不可分割的，笔者认为也可以执行被执行人其他等值合法财产，但建议在刑事裁判判项中区分"（继续）追缴"和"责令退赔"的表述，增加"应当追缴的涉案财产无法找到、被他人善意取得、价值灭失或者与其他合法财产混合且不可分割的，责令被告人以其他等值财产予以退赔"作为刑事裁判内容。理由如下：（1）"责令退赔"的目的是保护公私财产，不让犯罪分子因为犯罪在经济上获取利益。依照《刑事涉财执行规定》第10条第4款规定，对于被害人的损失，应当按照刑事裁判认定的实际损失予以发还或者赔偿。因此，在违法所得、赃款赃物被犯罪分子挥霍、消耗、灭失等情况下，执行被执行人其他等值合法财产理所应当。（2）追缴是指国家司法机关在刑事诉讼中对犯罪分子直接或者间接通过非法手段所获得的现金、物资及其财产和经济利益依法予以追回，并返还被害人或者强制收归国有的司法行为。追缴对象必须与犯罪行为及其相关行为有关，是经过刑事裁判确认的非法财物，所以在执行程序中，应当查明违法所得的流向及犯罪所得具体数额，在查清的基础上执行违法所得，而不是执行犯罪人的合法财产。刑事裁判仅有追缴违法所得但无责令退赔判项，即执行被执行人案外合法财产不妥。综上，司法实践中，对因犯罪分子非法占有、处置被害人财产而使其遭受的物质损失，如果赃款赃物尚在的，应当一律追缴；赃款赃物无法找到、被他人善意取得、价值灭失或者与其他合法财产混合且不可分割的，应当责令退赔，执行被执行人其他等值财产。

三、刑事裁判涉财产判项的可执行性问题

（一）实践境遇

《刑事涉财执行规定》第6条规定，刑事裁判涉财产部分的裁判内容，应当明确、具体，《刑事诉讼法解释》第444条、第445条也对刑事涉财判项表述、标准作有规定。刑事涉财判项内容准确、具体是有效执行的前提。实践中，刑事涉案财物的认定权、执行权、处分权贯穿于侦查、公诉、审理、执行各阶段，这种多元机构管辖和处置模式充斥着思维差异、利益考量，加上目前刑事诉讼"重定罪量刑，轻财产处理"等因素影响，导致刑事涉财判项内容不明确、缺乏可执行性的案件越来越多，影响执行效率的同时，也增加了执行随意性的风险，导致相关权利人异议、信访增多。以A省为例，2020年至2022年刑事涉财判项内容不明确、缺乏可执行性的刑事案件为234件。主要集中在以下方面：（1）刑事裁判主文、事实认定部分对查扣在案的财产是否系违法所得未予明确，或刑事裁判、移送执行表列明的涉案财产未明确是否属于应当追缴的违法所得；（2）判决（继续）追缴、责令退赔违法所得或者没收部分财产未明确金额、具体财物、相应义务人、退赔对象、处理方式等信息，在共同犯罪刑事案件中尤为突出。

（二）对策建议

规范刑事涉财判项内容与解决刑事涉财判项不明确实际为一个问题

的两面：一方面，刑事涉财判项内容不规范的根源在审判阶段，案情复杂程度、自由裁量权行使、审前财产查控处置都会影响裁判表述；另一方面，刑事涉财判项不明表现在执行程序，执行解释权缺失、审判解释权消极，因此只有通过不规范到规范的反向规制，才能减少、杜绝刑事涉财案件不具有执行性的问题。

笔者认为，首先在移送执行阶段，立案审查权归立案部门，目前《刑事涉财执行规定》仅要求其审查生效裁判文书及其附件和其他相关材料齐全、《移送执行表》载明内容符合要求、属于移送范围即可立案执行。实践中，对于刑事裁判内容不明确问题，由于缺乏征询等解决途径，在立案阶段尚不能有效处理该问题，但是立案部门可以通过完善、丰富《移送执行表》信息填报的方式，减少案件不具有执行性的现象。例如，将（继续）追缴、责令退赔、罚金、没收财产的金额、范围、对象，侦查、检察机关查控、处置、移送的涉案财产和审判部门查明的涉案财产状况、处置情况作为必填项，在相关信息缺漏且经补充后仍不符合立案条件的予以退回。

进入执行程序，发现刑事涉财判项不明确时，应当依照《刑事诉讼法解释》第446条第2款、《最高人民法院关于人民法院立案、审判与执行工作协调运行的意见》第15条规定处理。当然，如果涉案财物是在侦查、检察阶段控制的，也可以征询相应机关作出释明。学界普遍认为，诸如涉案财物性质、责任分担、财产分配等问题涉及当事人实体权益，一律应交由审判部门予以明确。但现实是经执行部门反复征询，也难有清晰可行的答复，纵然有，也多是口头答复、裁判内容的再罗列，进而执行程序遇有裁判不明情况，也就习惯于搁置到当事人、案外人提出异议再行解决了。究其原因无外乎存在两个误区：一是审判部门认为案件已经审结，径行对财产刑或者财产部分作出进一步处理，缺乏正当性依据；二是执行部门有将征询意见作为异议复议审查的证据化倾向。

司法实践中，受到各种现实因素影响，要求每一次刑事审判程序都能一次性完全准确界定涉案财物性质、完成被告人定罪量刑，作出周全的裁判确实不太现实，必要情况下，可以由刑事审判部门通过作出补充裁定的方式对涉案财物作出认定处理。应当形成这样一种共识，即通过说明、刑事补充裁定书形式对涉财产判项作进一步明确、处理是司法解释规定的法定程序，可以涉及实体问题。操作时，由原审判组织围绕未规范明确的财产事项通过调阅卷宗、调查听证、检察参与，在裁判基础上进行明确。但发现违法所得或者其他涉案财物处理确有明显错误或者影响量刑的，则应通过审判监督程序处理。

同时，执行部门首先要秉持把更多的问题消化在执行程序的理念，综合刑事裁判事实认定部分、裁判说理部分能明确的，进行执行解释。征询审判部门或者其他机构意见时，应当指出判项内容不明确的具体表现和对执行程序的具体影响，还可以提出处理建议，但发现应以审判监督程序处理的事项，不应再进行征询并将相关情况反馈给审判部门。

四、刑事涉财执行中第三人善意取得赃款赃物的审查问题

（一）实践境遇

现行民法、刑法并未对第三人善意取得赃款赃物物权性质作出明确规定，理论上争议较大，目前只是散见于《最高人民法院、最高人民检察院关于办理诈骗刑事案件具体应用法律若干问题的解释》《最高人民法院、最高人民检察院、公安部、国家工商行政管理局关于依法查处盗窃、抢劫机动车案件的规定》等规定中。《刑事涉财执行规定》第11条第2款规定，"第三人善意取得涉案财物的，执行程序中不予追缴。作为原所有人的被害人对涉案财物主张权利的，人民法院应当告知其通过诉讼程序处理"，认可了执行程序适用善意取得制度。但是在实践中对第三人"善意取得"的理解和认定存在不同认识，例如，刑事裁判认定的赃款赃物，案外人能否以善意取得为由排除执行？

（二）对策建议

笔者认为，财产权属伴随市场经济快速发展呈现多样化、复合化特

征、处置刑事涉案财物，也应当综合考量交易安全、经济秩序稳定的整体效果。就刑事涉财执行善意取得制度的适用，在参照民事认定规则的同时，还应区分民刑案件本质上的差异，不能过度混同。刑事涉财执行中，原权利人（被害人）实现权利救济已经追缴、责令退赔等强制措施有效保障，所以在第三人善意取得认定时无须区分脱离占有物等原因，原权利人（被害人）不能请求回复，只能另行诉讼。

刑事裁判涉财产部分进入执行程序，对于第三人取得赃款赃物是否符合善意取得构成要件，应由执行部门直接作出判断。实践中，可以从《刑事涉财执行规定》第 11 条第 1 款规定的"恶意方式取得"情形反向界定"善意取得"赃款赃物的构成要件，即符合下列情形的，应当视为善意取得涉案财物：（1）主观善意，第三人受让涉案财物时，不知道被执行人无权处分或者不知道是涉案财物，且无重大过失；（2）支付合理对价，被执行人以合理的价格转让；（3）实现权利转移，转让的不动产或者动产依照法律规定应当让登记的已经登记，不需要登记的已经交付给受让的第三人；（4）法律允许流通，受让涉案财物不属于限制或者禁止流通的范围。至于举证责任分配，按照"谁主张，谁举证"的原则，由第三人对其取得涉案财物是否善意承担举证责任，这样有利于权衡"真实权利人"与"第三人"之间的利益纷争。

五、刑民交叉案件中刑事退赔与民事执行顺位问题

（一）实践境遇

《刑事涉财执行规定》第 13 条规定，按照权利性质和优先受偿权，明确了被执行人在执行中同时承担刑事、民事责任，而其财产不足以支付时的清偿顺序。实践中，退赔被害人损失是否绝对优先于普通民事债权和追缴赃款赃物与优先受偿权之间的执行顺序成为执行困惑，实体和程序处理有争议。

（二）对策建议

刑事退赔与民事债务执行刑民交叉情形实际上有竞合和并存两种状态：刑事退赔程序与民事执行程序竞合是指经过民事裁判进入执行程序，执行过程中，该行为又被刑事裁判认定为犯罪行为，民事执行程序申请执行人被作为刑事案件被害人，刑事裁判涉财产部分移送执行。广义的竞合也包括先前进行民事裁判，刑事裁判对该行为未作认定的情形。刑事退赔程序与民事执行程序并存是指被执行人因不同民事行为、刑事犯罪行为而需要同时承担清偿、赔偿、违约等民事责任和罚金、追缴违法所得、退赔等刑事责任。对于前者是同一责任主体实施同一行为，实践中，如果民事裁判先行进入执行程序，刑事裁判又作出责令退赔判项的，多对民事执行案件终结执行；对于后者，同一责任主体实施不同行为，一般理解，退赔被害人损失优先于民事债务。上述两种状态不能正确理解，会直接影响刑民交叉问题的讨论和解决。

通说认为，刑事退赔与民事执行程序竞合源于刑民交叉案件中法律责任竞合，从而导致责任实现程序的竞合。[①] 法律责任基于同一行为产生，不能相互并存和吸收，只能择一追究。A省高级人民法院、A省人民检察院印发的《关于办理非法集资刑事案件若干问题的意见》对"刑民交叉的处理问题"规定，非法集资中的借款合同、担保合同均属于无效合同；集资参与者先行提起民事诉讼并取得生效民事判决的，该部分事实不再作为刑事案件处理；无论通过民事诉讼所确定的赔偿数额，还是通过刑事诉讼所确定的返还数额，在统一执行、分配时，应遵循"相同事实、相同处理"的原则，即按照借款数额、已返还本金及支付利息的情况等同一处理。从公平公正维护当事人合法权益角度，笔者较认可该观点。

刑事退赔与民事执行程序并存情形下，笔者认为，应当适用刑事退

[①] 参见邢会丽：《论刑民交叉案件中刑事退赔程序与民事执行程序的竞合》，载《法律适用》2019年第21期。

赔优先一般民事债务的原则。

六、刑事涉财执行中案外人权利救济问题

(一) 实践境遇

根据《刑事涉财执行规定》第 14 条的规定，案外人针对执行标的主张实体权利的异议范围包括：一是执行部门认定争议财物属于被告人合法所有的财物，但案外人认为其属于自己合法财物，或者存在合法财产权益；二是刑事裁判认定争议财物属于涉案财物，但是案外人认为自己存在善意取得的异议。

案外人财产权的救济贯穿于刑事诉讼全过程，刑事诉讼法及司法解释、《中共中央办公厅、国务院办公厅关于进一步规范刑事诉讼涉案财物处置工作的意见》等均有规定，但是由于相关规定欠缺适用标准或配套规定，可操作性较差，案外人财产权受到侵害后，在判决前实际并未得到有效救济，只能积累到执行阶段解决。同时，相较于通过审前申诉、控告程序，诉讼中提起异议或者在刑事裁判生效后提起审判监督程序，执行程序提起异议对于案外人的财产权利保护更具有现实意义。以 A 省为例，2020 年至 2022 年受理案外人异议案件 737 件，审查后支持异议案件 152 件，驳回异议案件 585 件。执行程序中，案外人提出执行异议实则包括对执行行为违反法律规定的异议、针对执行标的主张实体权利的异议和认为刑事裁判对涉案财物认定有错误的异议三种，其中第一种、第三种在实践中争议较少或者之前已经论述，而就案外人就相关标的主张实体权利，因为只能按照民事诉讼法规定的执行异议程序处理，普遍认为对案外人实体权利保护不到位，即使引入听证模式进行异议、复议审查，实践中由于被执行人服刑，极少参加听证，执行法院一般也仅通知案外人参加听证，易导致听证流于形式。对此，学界提出了构建案外人异议之诉、刑事涉财处置独立之诉、刑事涉财处置独立程序等诸多构想。

(二) 对策建议

路径一：引入执行异议之诉制度，理由主要是认为案外人异议之诉本质上是审查案外人对执行标的物是否享有权利，以及该权利对执行标的物是否足以排除强制执行，实际上解决的是对执行标的物的"实体争议"，涉及权属、份额等实体问题，应当通过诉讼程序解决。[1] 构建案外人执行异议之诉，突破现有执行模式，从法律层面彻底解决了案外人执行异议的权益救济问题。其主要困难是如何完善申请执行人、被执行人、执行法院的"三元构造"，学界一般认为应当由检察机关、财政部门、被害人等主体补位申请执行人。笔者认为，"三元构造"的目的是形成事实上的对抗，以查明涉案财物权属、权益归属主体，补位申请执行人也应考虑权属、权益实际归向。刑事涉财判项内容中罚金、没收财产、处置随案移送赃款赃物、没收随案移送供犯罪所用本人财物执行等，财物权属、权益归国家，本应财政部门补位申请执行人，但因其没有参加刑事审判程序，对刑事涉案财物认定过程也不知晓，事实上无法行使对抗权利。而由承担公诉职能的检察机关对案外人异议请求进行反驳、提出反证，能够与案外人的异议请求形成有效对抗，补位申请执行人更为合适。刑事涉财判项内容中责令退赔执行，财物权属、权益归被害人所有，其补位申请执行人更能与案外人的异议请求形成有效对抗。同时，鉴于现行刑事涉财执行仍采用移送执行制度，只有案外人提起执行异议之诉时，检察机关、被害人才被动加入诉讼。

路径二：引入刑事涉案财物处置独立之诉制度，理由主要是认为刑事案件具有相对封闭性特征，建立刑事涉案财物处置独立之诉特别程序，形成与刑事责任追究之诉并行，对涉案财物独立审查、处置的刑事制度，可以有效实现处置涉案财物与保护合法财产的双重目标。[2] 考虑刑事犯罪

---

[1] 参见蔡颖慧：《论刑事裁判涉财产部分执行中案外人实体权益的救济——以集资类刑事案件"刑民交叉"问题为中心》，载《法律适用》2021年第4期。

[2] 参见陈柳蓁：《刑事涉案财物处置的独立之诉特别程序研究》，载《理论观察》2022年第9期。

刑罚注重实质审查,对涉案财物处置偏重证据审查的实际,从长远看,构建刑事涉案财物处置独立之诉制度也有可行之处。独立之诉主要解决刑事涉案财物权属、权益争议问题,可以适用民事诉讼法律规定,虽与刑事诉讼分开进行,但仍由刑事审判部门审理,一般早于刑事裁判结束。

现行法律、司法解释框架下的解决路径:根据《最高人民法院关于办理执行异议和复议案件若干问题的规定》第 24 条、第 25 条规定,对于案外人基于实体权利提出执行异议一般只作形式审查,只有第 26 条至第 29 条规定情形才作实质审查。在刑事涉财部分执行中,案外人对执行标的主张实体权利时以何种标准审查,有观点认为应当按照执行异议之诉的标准进行实质审查,有的观点认为还是应当坚持形式审查原则,仅在有必要时突破进行实质审查。笔者认为,在执行异议之诉制度缺位的情况下,刑事涉财执行中案外人异议、复议审查具有终局性的特点,按照实体法的相关规定判断案外人对执行标的是否存在足以排除执行的权利,可以为案外人提供充分的程序保障。实践操作中,应当细化异议复议听证程序和标准,延长审查期限。异议复议审查应当向刑事裁判的被害人、公诉人、审判部门一并送达异议复议申请书,审判部门、被害人(代表)应当列席听证,发表意见,强化检察机关对案外人异议复议审查程序的监督。

七、结语

审判执行工作应当将能动司法贯穿始终,抓实"公正和效率"。解决刑事涉财执行疑难、多发问题,推进刑事涉财执行进程,要求涉案财产认定准确、执行处置规范高效、救济权利充分保障,这既需要从法律规范的完善供给、内部机制的监督管理、执行权能的优化配置上下功夫,也要解决消极审判、机械司法、就案办案的问题,相信在执行实践的不断创新、顶层设计持续完善下,更多的执行疑难问题将迎刃而解。

审执一体化的再思考

毛煜焕[*]　聂　庆[**]

一、审判阶段考虑执行可行性一种全新思路的提出

"执行难"不仅让当事人的正当权益受损,也深深影响着司法权威和司法公信度,让司法公正与效率大打折扣。近些年,在全国各级法院的不懈努力下,"执行难"问题得到很大的缓解。但是由于立法供给的缺失,社会各界包括法院系统内部长期以来对执行工作的认识偏差,特别是审判执行衔接不畅,缺乏行之有效的审执兼顾机制,审判并未真正关照执行,导致"执行难"问题没有得到实质性解决。

最高人民法院院长张军在2023年3月23日全国法院学习贯彻全国两会精神电视电话会议上提出,要在审判阶段就要注重"执行难"问题,在作判决的时候,责任分担是按三七还是四六裁量,不仅要依据案件事实证据,也要从执行方面考虑权利人的实际利益作出提示,尽力避免只管判不管执,造成因裁判考虑不周的实际不能执,更要考虑简单"依法"下判后会不会引发关联的多案,进而选择合适且有利双方当事人权益维护的"自由裁量"方案。

单纯就审判是否应考虑执行这个角度看,存在多层次探讨的必要性。

---

[*] 浙江省杭州市中级人民法院党组成员、副院长,执行局局长。
[**] 浙江省杭州市中级人民法院执行局实施一处处长。

因为审判和执行对当事人的胜诉权益兑现来说，都是必不可少的环节，缺一不可。没有审判，执行缺乏正当化依据；没有执行，判决可能成为一纸空文。审判阶段考虑执行是对司法人员的基本要求，但这种要求的底层逻辑的立足点是执行与判决的对应性，即生效判决确定的义务能否对应得到执行。换言之，一直以来学界和实务界关注的是判决的确定性问题，反对判决的模糊性，避免因判项模糊使执行无从执行，造成"执行难"。这是第一个层次的问题。

本文聚焦的重点是判决在作出的时候应否考虑执行的因素，从有利于执行的角度考虑判决的合理性。这是第二个层次的问题。从最高人民法院提出用两到三年时间基本解决"执行难"，到张军院长提出要选择最合适的"自由裁量"方案，"执行难"的解决方案从治末端前置到治未病，而审判就是执行的源头，这种观念上的转变为解决"执行难"提供了一种全新的思路。审判阶段考虑执行，在方法论上，是阶段论上升至整体论；在理念上，是"眺望式审判思维"与"回溯式执行思维"的双向叠加，是新时代"三个效果"有机统一的创新路径。

长期以来，审判与执行两张皮是司法实践中的常态。审执分离是程序正义的内在要求，但是程序的隔离以及人员的切割在一定程度上造成审判人员和执行人员各自为战，审判人员只管下判，较少考虑判决的执行问题，使该程序从设计之初的良善经过机械司法、审执部门壁垒以及各自利益等逐步发生异化，进而对当事人实体权利产生负反馈。法律程序具有稳定的刚性，远远大于司法人员的主观能动性。当审执分离不仅作为一种司法实践的范式，更上升成为司法原则的情况下，该法律程序持续释放出来的制度效能会对实务的做法产生深刻的影响，包括一些负面的影响，很难通过司法人员的主观能动性消解。在司法实践中，裁判文书主文不明确、夫妻共同债务案件及执行异议之诉案件的执行，将审执分离的弊端暴露出来。[①]

[①] 参见山东省临沂市中级人民法院：《关于审执协调有关问题的调研报告》，载《最高人民法院司法研究重大课题报告·执行卷》，人民法院出版社2019年版。

从历史的眼光来看，审执分离具有时代意义，一定程度上保障了程序正义得以呈现，但由于在审执衔接方面缺乏系统化配套，规范性不够，认识论不足，内在逻辑不顺，思辨性没有经过充分验证，审执分离并未发挥出应有的程序价值。对其进行程序改造、制度重塑，实现历史性纠偏，进而为解决"执行难"提供制度供给，势在必行。

二、判决考虑执行是判决的题中之意

实践中有人认为，裁判者面对一个案件，下判时的依据只能是案件事实和证据，不能有其他考量因素。这是对裁判者的专业要求。不应该将案外情形过多地纳入裁判者的视野，影响案件的实体公正。这种观点看似很有道理，甚至在一些法学精英群体中还颇有市场，这种现象需要引起警惕。

将案件事实证据以外的因素拒之门外，让公众对判决的期待无法得到判决的回应，违反了司法为民的初衷，所以这并非简单的观点之争，实质上是一种法政治学的立场之争。人民法院的审判工作不是空中楼阁，更不是少数专业人士的专属领域，法院的判决应该具有人民性，要考虑当事人对判决的接受度，社会大众对判决的认同，在这个基础上作出的判决，才具有强大的生命力。

司法为民不是抽象的宏大叙事，在具体个案的审判执行中都应贯穿其中。人民法院审判案件，要遵循以事实为依据，以法律为准绳的原则，但是办理案件不能仅仅满足于遵循了法律，不能机械地照搬照抄法条，更要关注公平正义能否实现。公正的原则高于法律条文和判例。法律是刚性的，但是法律语言永远不可能绝对明确，法官的作用就是在案件处理过程中全面规范地解释法律，要用系统性思维处理案件，尽最大努力实现公正。

作为胜诉权益的兑现手段，执行要将公正和效率这个永恒主题真正落地，不仅要精准高效地执行，还有赖于下判时就要考虑当事人的胜诉权益能否在执行阶段真正兑现。这是司法为民的当然要求，没有厚植人民性的判决，没有站稳人民立场，案件事实的查明，证据的采信判断，无疑都具有天然的缺陷。人民法院作为审判机关，主要职责就是定分止争。没有人民性作为判决的支撑，生效判决的执行必然会受到阻滞，胜诉当事人的权益无法得到兑现，败诉当事人想方设法阻挠、抗拒执行，人民法院定分止争的功能会遭到削弱。

审判和执行作为诉讼过程中两个连续的阶段，具有一定的承接性，也有一定的独立性。目前审执关系就只看到了二者的独立性，而忽视了承接性。[①] 审判阶段考虑执行，具有司法上的现实基础。执行工作注重善意文明和威慑惩戒并重，刚性和柔性并举，多管齐下促使当事人双方达成执行和解。执行和解衍生于生效判决，又独立于生效判决，充满了当事人双方的合意色彩，很大程度上消弭了判决的刚性，更加有利于执行。执行和解的功能充分说明了审判阶段考虑执行问题具有很强的现实意义和程序基础。

在审判时考虑执行的可行性，把执行纳入裁判的考量因素，并非拿执行跟当事人的诉求作交易，并不是脱离案件事实和证据随意调整案件的处理意见。法官根据双方当事人提供的证据来认定案件事实，呈现出来的是一种法律事实，无限接近于客观事实。在确定法律事实的过程中，对于证据的甄别、判断、采信，除了遵循特定的证据规则，还应认真考虑当事人对在案证据的意见。所有的意见均或多或少地隐含着当事人对案件执行的态度，传达着当事人对案件进入执行阶段的认可度。法官在审判阶段就要从执行方面对当事人作出提示，要善于引导双方当事人在诉求和抗辩的某一个点或者区间内达成妥协，进而在这个基础上构建案件事实，展示证据链，这样的判决包含了对执行工作的考量，增强了双方当事人的认同感，既促使当事人自动履行，又能为执行打下坚实的基础。

[①] 参见刘法杞：《法院强制执行的运行体制及其改革》，中南财经政法大学 2020 年博士学位论文。

三、审执一体化的实施进路

审判和执行分处人民法院不同的部门,承担着不同的工作任务,泾渭分明。长期以来,由于各自工作任务繁重,相互交流不够,导致部门之间的壁垒森严,相互融合衔接不够顺畅,但这并不意味着二者难以协同。有学者认为,可以将审判团队与执行团队进行制度功能的调和与恰接,采用措施前置与观念前置的理念,将可能涉及执行的"因子"渗透到"立审执"的各个环节,实现一体化建设,在条件成熟时,实现审判团队模式下有限"审执合一"的回归。[①] 笔者认为这一构想具有一定的前瞻性,在目前的司法实践中,要在审判阶段真正做到关照执行工作,需要在意识、机制、考核等方面作出实质性努力,防止流于口号和理念。

树立案件审判执行全生命周期质量管控的意识。对于案件质量的管控,要有全生命周期的大视野。一个案件从进入法院系统,直到执行终结,才算是走完了整个生命周期。在这个生命周期里,任何一个环节都直接影响着案件的质量,要有全流程全过程案件质量管控的思维。要摒弃重审判轻执行的观念,判决是否优秀,不仅要看新的裁判规则的建构,还要看执行能否将判决主文顺利落地。对于全生命周期的质量管控,除了要关注审判和执行的阶段性质量,还要做好审判执行的有序衔接,让质量管控的逻辑贯穿始终。

对审执分离原则进行重塑性变革,建立审执一体化格局。现阶段,让审判法官考虑案件执行问题在专业上是个无法回避的障碍,况且由于工作重心不一致,审判法官难以有效兼顾执行。有鉴于此,可将执行工作前置到审判阶段。审执衔接不仅是程序上的要求,还应该体现在实体上。审执法官均应具备双向奔赴之意识,用审执一体化的眼光审视案件的审判和执行,建立常态化的跨部门专业法官会议。审判法官在下判时,就案件执行问题咨询执行法官的专业意见;专业法官会议、审委会讨论

[①] 参见王立新、丁朋超:《论执行团队理念下立审执一体化的制度探索——以我国民事执行配置权演化进路为视角》,载《政法学刊》2019 年第 4 期。

案件时，要将案件能否顺利执行作为讨论的要点。执行法官在执行案件时，对于重大事项的讨论和评议，也应该充分听取审判法官的意见，了解案件背景，尽可能多地掌握案件的裁判思路、案件处理过程等信息，引导执行工作朝着正确的方向发展。

除了上述纯法律措施探讨之外，还应关注优化营商环境对人民法院执行工作的要求。世界银行全球营商环境新评估体系概念书业已发布，判决的认可生效和执行是法院牵头的解决商业纠纷这一指标项下的事实类指标。生效判决的执行问题关系解决商业纠纷的质量，具有非常重大的意义。

新评估体系对解决商业纠纷的评估分别着眼于三大支柱：立法框架、公共服务和效率。其中，立法框架层面关注的是国家为判决的认可生效和执行提供的法律和制度供给；公共服务层面关注的是人民法院直接或间接为判决的认可生效和执行提供的服务和设施；效率层面关注的是上述立法框架和公共服务在实践中能够产生的助力判决认可生效和执行的效用。从目前的情况来看，民事强制执行法颁布在即，势必会解决"执行难"的一些深层次问题，但是思想认识的提升和审执衔接相关机制的真正落地还在掣肘着执行工作的健康良性发展，应充分关注新评估体系的效率层面，进而推动三大支柱形成合力。

营商环境优化工作的主要目标就是减时降费，提升质量。判决的认可生效和执行这一事实类指标表述就蕴含着审执一体化的内核，这与本文的观点是一致的。从审执一体化的角度切入，树立全生命周期质量管控意识，建章立制，合理配置专业资源，破除壁垒利益，协同治理，源头治理，科学考核，符合该指标的内在要求。全球营商环境新评估体系是优化营商环境的指挥棒，应以概念书正式施行为契机，以审执一体化为抓手，对现行的机制进行制度性重塑，助力解决"执行难"。

特定继受情形下执行当事人变更程序刍议

刘红兵[*]　曹琼琼[**]

一、未查明特定继受行为的判决对案外人是否有拘束力

（一）从一起案例[①]引出的讨论

2020年6月23日，某法院对刘某与刘某某相邻关系纠纷一案作出一审判决：刘某某应于判决生效之日起十五日内将案涉房屋入户门由朝外开改为朝里开。刘某某不服一审判决提起上诉。二审审理期间，刘某某于2020年7月27日与章某签署《存量房买卖合同》，约定刘某某将其名下案涉房屋出售给章某，并在《补充协议及其他》中约定：经双方协商过户三日内交房，刘某某不得因房屋出售不顾客观事实配合起诉方同意更改入户门方向，房屋交付后涉及房门开方向问题所产生的费用由章某承担。同日，案涉房屋变更登记至章某名下。2020年10月21日，二审法院作出终审判决：驳回上诉，维持原判。

根据刘某的申请，一审法院立案强制执行。在该案执行过程中，该院于2021年8月16日作出《代为完成指定行为委托书》，委托章某于五

---

[*] 江苏省南京市中级人民法院审判委员会专职委员。
[**] 江苏省南京市建邺区人民法院员额法官。
[①] 参见南京市秦淮区人民法院（2020）苏0104民初2582号民事判决书、南京市中级人民法院（2020）苏01民终6394号民事判决书。

日内完成将案涉房屋入户门由朝外开改为朝里开的指定行为,并将履行指定行为的情况及时报告该院。未在规定期限内完成指定行为,该院将依法强制执行。章某不服上述执行行为,向一审法院提出执行异议,请求立即停止上述执行行为。

一审法院审查认为,相邻关系依附于不动产,不因不动产权利人的变更而变更。生效判决中关于不动产入户门方向改变这一执行内容,不受该不动产权利人变更的影响。该院要求章某于五日内完成将案涉房屋入户门由朝外开改为朝里开的指定行为并无不当。遂作出执行裁定:驳回案外人章某的异议请求。章某不服该裁定申请复议称,其对本案执行依据的审理过程、判决结果完全不知情,也未得到审理法院的任何通知,未曾参与诉讼就要其代为完成指定行为并不合理。

(二) 再审或执行:执行力能否扩张至案外受让人

通常情况下,执行当事人应当与执行依据确认的享有权利或承担义务的当事人相同,执行力范围应受"判决效力相对性"原则的约束,即执行力范围与既判力范围一致。但在上述案例中,执行措施的承受人并非执行依据的当事人,执行依据的既判力或执行力能否扩张至案外人、在何种条件下允许扩张以及应当如何赋予案外人针对这种扩张的法律救济途径,便成为司法实践迫切需要解决的难题。

第一种观点认为,应对本案执行依据依职权提起再审。相邻关系纠纷作为物权纠纷的一类,此类诉讼并非对人诉讼(actio in personam),而是对物诉讼(actio in rem),即主张对某个有形物享有某项权利的诉讼。[①]本案中,原告要求被告将房门朝向恢复原状,并非针对被告某人,而是针对被告所有的某物,被告承担责任的基础是因为其对房屋享有的占有、使用包括改造的权利。既然在民事诉讼过程中,被告一方当事人已将房屋出售给案外人,丧失了对房屋的占有及使用,那么其不再具有承担责

---

① 参见冉昊:《对物权与对人权的区分及其实质》,载《法学研究》2005年第3期。

任的基础。然而，二审法院在审理中并未查明案涉房屋权利人已经发生变动，属于事实认定有误，应当对执行依据提起再审，执行依据对案外人不具有拘束力。

第二种观点认为，本案发生既判力主观范围扩张的情形，执行依据理应对案外人具有拘束力。其主要理由是：第一，案件审理中，被告提供了不动产登记查询证明等证据，法院已尽到查明义务，在出让人、受让人均未告知二审法院案涉房产转让事实的情况下，法院对诉争标的转移事实并不知晓，如果因此提起再审将过分苛责法院的事实查明责任；第二，民事诉讼过程中，一方当事人处分诉争标的后，形成出让人与受让人之间的特定继受，根据《最高人民法院关于适用〈中华人民共和国民事诉讼法〉的解释》（以下简称《民事诉讼法解释》）第249条规定，此类特定继受行为并非必须变更当事人的情形，在案外人继受不动产后未提出参加诉讼请求的情况下，法院未变更其为被告或追加其为第三人，不影响执行依据的合法性；第三，房屋所有权人这一事实非常简单，完全可以在执行程序中查明，并在查明事实后将受让人列为协助义务人，执行依据的实现依赖于受让人的协助执行行为。如受让人认为负担的协助执行义务不当，可以通过提出执行异议、复议的方式进行救济，无须对执行依据进行再审。

第三种观点认为，在成立诉中特定继受并发生既判力扩张的情况下，执行法院理应将受让人变更为被执行人，而不应将受让人列为协助执行人。执行法院向受让人发出《代为完成指定行为委托书》，委托受让人完成执行依据指定行为的执行行为，未能完全理解《民事诉讼法解释》第249条的意义，存在法律错误适用，应当予以纠正，故本案应当停止要求受让人协助执行的行为，并将受让人直接裁定变更为被执行人。

上述三种观点体现的是对案例所涉问题的不同分析进路，其思维逻辑见图1。除了裁判结果不同外，给予受让人的后续救济途径也不同。根据第一种观点，对执行依据提起再审，并在再审中变更被告，受让人可在相邻纠纷案件中进行实体抗辩。根据第二种观点，受让人只能通过执行异议、复议进行权利救济，且仅能对与执行力能否扩张至受让人的有关问题进行抗辩。第三种观点对受让人的权利救济途径也有分歧，有观点认为应当赋予受让人提出执行异议之诉的权利，因为对特定继受行为是否必然产生既判力乃至执行力，需要进行复杂考量，并不适宜在执行异议、复议程序中进行解决。

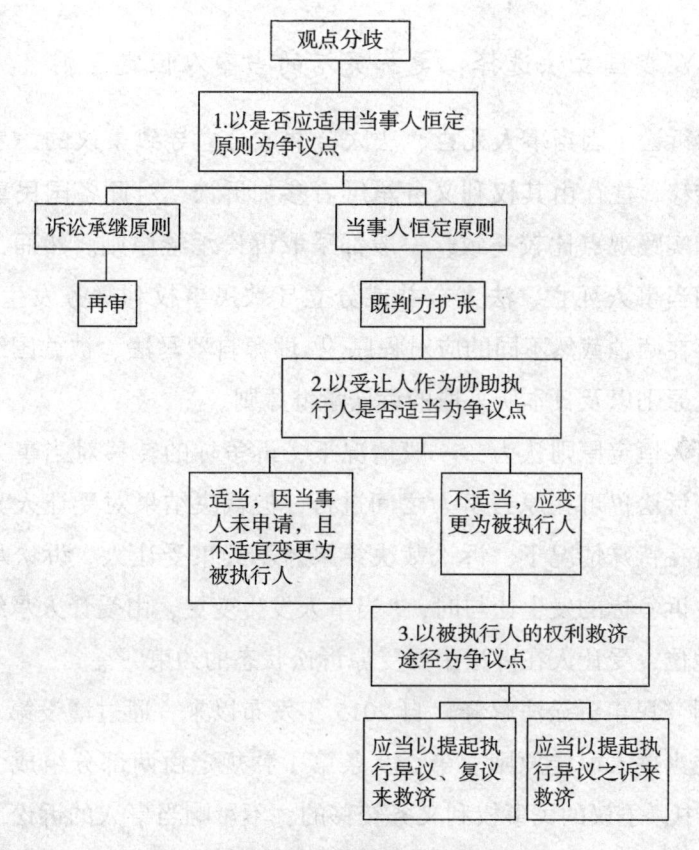

图1 对特定继受行为效力的观点分歧

可见，诉讼中发生特定继受行为的案件，应当依何种程序裁判以及裁判结果的执行力能否扩张至案外人等问题，具有相当的争议性。为了深入地探讨这些问题，本文拟作以下分析。首先，考察我国法律对特定

- 67 -

继受行为的相关规定,明确当事人恒定原则的立法目的;其次,厘清诉讼中特定继受行为的规定性及其产生既判力扩张的条件,并向外观察受让人在执行程序中应当具有的法律地位;最后,探查执行力扩张与既判力扩张的区别,针对特定继受行为在执行力扩张方面缺乏程序规范的缺陷与不足,提出妥当的解决方案。

二、当事人恒定或承继:两种诉讼程序应对模式

(一)我国立法选择:更加灵活的当事人恒定原则

民事诉讼中因当事人死亡、法人合并或分立导致争议的民事权利义务发生转移,往往由其权利义务承继者参加诉讼,对此各国民事诉讼法的立法和实践观点比较一致,一般都采取诉讼承继原则。然而,对于诉讼中非因当事人死亡、法人合并或分立导致民事权利义务发生转移的,则主要存在两种截然不同的应对程序,① 即源自罗马法、被德国继承的当事人恒定原则以及日本所采取的诉讼承继原则。

当事人恒定原则认为,一般情况下,诉争标的转移对当事人适格并无影响,诉讼仍可在原当事人之间进行,但裁决结果对受让人具有拘束力,只有在特殊情况下,诉讼裁决结果才不约束受让人。诉讼承继原则认为,在诉争标的发生让与时,"当事人发生变更,由受让人承继让与人的诉讼地位,受让人在诉讼中要受原诉讼状态的约束"②。

我国《民事诉讼法解释》自2015年发布以来,通过增设第249条已初步确立当事人恒定原则。第249条第1款规定由两部分组成,前半句"在诉讼中,争议的民事权利义务转移的,不影响当事人的诉讼主体资格和诉讼地位",规定了原当事人主体资格不受影响规则;后半句"人民法

---

① 参见唐静:《诉讼中争议的民事权利义务转移之程序应对研究——以当事人恒定原则为中心》,南京师范大学2020年博士毕业论文。
② 张卫平:《判决执行力主体范围的扩张——以实体权利转让与执行权利的获得为中心》,载《现代法学》2007年第5期。

院作出的发生法律效力的判决、裁定对受让人具有拘束力",规定了既判力主观范围扩张规则。① 两部分相结合,共同构成我国民事诉讼特定继受行为发生后的诉讼程序及法律后果。同时,第249条第2款规定,"受让人申请以无独立请求权的第三人身份参加诉讼的,人民法院可予准许。受让人申请替代当事人承担诉讼的,人民法院可以根据案件的具体情况决定是否准许;不予准许的,可以追加其为无独立请求权的第三人"。可见,我国《民事诉讼法解释》第249条确立了诉讼中发生特定继受行为后,以当事人恒定原则为基础、以诉讼承继原则为例外的程序应对制度,相较绝对的当事人恒定原则更为灵活且更尊重当事人的处分权。

（二）安定与便利：当事人恒定原则的立法考量

我国司法实践选择当事人恒定原则的程序应对模式的原因,主要是基于诉讼承继原则的处理方式实质上是否认权利义务转让人的诉讼主体适格性,认为诉讼应当在实质权利义务关系主体之间进行。然而,由于实体权利义务变动的信息并不一定能够及时到达诉讼中的另一方,且程序变动相对于实体变动具有滞后性,一方诉讼主体不仅要付出时间成本来等待受让人承继诉讼,而且很可能会发生其在不知晓实体权利已经发生变动的情况下继续进行没有法律意义的诉讼行为,并不利于有效保护受让人的利益。② 而当事人恒定原则能够减轻因权利变动信息迟滞对程序安定和便利带来的伤害,避免当事人恣意行使实体处分权而影响程序安定,更利于保护其他诉讼主体的利益,避免诉讼迟延,实现诉讼经济。

在当事人适格问题上,当事人恒定原则主张诉讼中的实体处分对诉讼不产生影响,权利转让人因法定诉讼担当而续行诉讼,并仍是具有诉

---

① 参见王福华：《"系争标的"转让的诉讼效果》,载《现代法学》2020年第5期。
② 参见唐静：《诉讼中争议的民事权利义务转移之程序应对研究——以当事人恒定原则为中心》,南京师范大学2020年博士毕业论文。

讼实施权的当事人，权利受让人则相应地丧失诉讼实施权。[1] 如果按照诉讼承继原则坚持认为诉讼应当在实体权利人之间展开，那么对于诉讼中转让权利的被告来说，法院应当以主体不适格驳回原告起诉，之后原告必须以受让人为被告再次提起诉讼。换言之，尽管诉讼承继原则可以通过再次起诉适格被告或者变更当事人来解决纠纷，但会使得对方当事人先后遭受权利转让人和受让人的两次诉讼或增加相当长的诉讼时间，极大增加了法院成本和当事人负担。比较而言，当事人恒定原则通过将判决的既判力主观范围向受让人扩张这一方式，使诉讼不因发生实体权利变动而受到影响，保持了诉讼的连贯性，避免了诉讼被驳回而再次起诉以及中途变更诉讼主体增加的成本，同时，因生效判决的既判力主观范围扩张至受让人，法院判决后受让人不能再次提起重复之诉，从而在诉讼经济和保护另一方诉讼主体的利益方面具有较大的优势。

三、检视：特定继受发生既判力扩张的范围与限度

尽管《民事诉讼法解释》第249条规定在当事人恒定原则下，发生特定继受行为可以产生既判力主观范围向受让人扩张的法律后果，但是就扩张范围和界限方面，还存在需要进一步探讨的模糊地带，并由此就受让人可以采取的救济途径也存在不同观点。

（一）"诉讼中"应当如何理解

德国民事诉讼法第256条规定，诉讼系属中，当事人或他方当事人仍有转让系争物或转让其主张的请求权的权利，转让或转移对诉讼不生影响。由于我国并无"诉讼系属中"这一概念，《民事诉讼法解释》第249条采用了与之相似的概念"诉讼中"，但对"诉讼中"的理解颇有争议。以本文开篇案件为例，特定继受行为发生在一审结束后二审进行中，

---

[1] 参见唐静：《诉讼中争议的民事权利义务转移之程序应对研究——以当事人恒定原则为中心》，南京师范大学2020年博士毕业论文。

此时间点是否属于"诉讼中"呢？

一种观点认为，"诉讼中"应当理解为一审法庭辩论终结前。理由是，依据《民事诉讼法解释》第232条之规定，双方当事人的诉争权利义务应当在一审法庭辩论结束前予以固定，之后不得变更，在二审阶段，如果要对诉讼主体或诉争权利义务进行变更，根据《民事诉讼法解释》第324条至第326条规定精神，二审只能进行调解或将案件发回重审，不能直接变更。而《民事诉讼法解释》第249条第2款及第250条规定，受让人可以申请替代当事人承担诉讼，人民法院可以根据案件的具体情况决定是否准许，若准许则应裁定变更当事人。由于"在言词辩论终结后，诉讼标的相关权利义务已经确定，当事人即为恒定"[①]，二审中不能变更当事人，无法与《民事诉讼法解释》第249条第2款及第250条规定相合，因此二审中发生的特定继受行为不适用《民事诉讼法解释》第249条的规定。同时，该观点认为，如果将"诉讼中"概念理解为包括二审过程，那么整个时间段将过长且缺少明确的截止时间，因为二审程序以书面审为一般，以开庭审理为例外，缺少与"一审辩论终结前"相对应的"二审辩论终结前"这一明确时间点。据此，该观点认为"诉讼中"应理解为立案后至一审法庭辩论结束前的区间。

另一种观点则认为，"诉讼中"应当理解为就案件作出的裁判文书发生法律效力之前，即便二审阶段发生特定继受亦应受到规制。理由是，德国法中的"诉讼系属中"这一概念并非指诉讼系属自开始至终结的全过程，而是通常始于诉状送达被告，终于事实审言词辩论终结。因为在诉讼系属中只有依据既判力之基准时点才能更好地说明当事人恒定和诉讼继受的原因，从诉讼程序上讲，只有到辩论终结之时才能明确当事人之诉求、理由、证据、处分权之行使，既判力基准时为最后事实审言辞辩论终结时。但是，由于我国审级制度不存在事实审与法律审的明确区分，可能会有观点将事实审理解为一审言辞辩论终结前。其实不然，以

---

① 肖建华：《论判决效力主观范围的扩张》，载《比较法研究》2002年第1期。

我国台湾地区为例，其民事诉讼采用三审终审制，一审为事实审，二审采用续审制，亦可进行事实审，三审为法律审，因此事实审言辞辩论终结前应理解为二审言辞辩论终结前。① 当前我国民事诉讼法并未区分事实审与法律审，一般认为二审亦对事实部分负有查明义务，故所谓事实审言辞辩论终结前应理解为二审言辞辩论终结前。对于第一种观点所称缺乏"二审辩论终结前"这一明确时间点的意见，有学者认为，由于我国并无明确的既判力制度规范，难以直接以事实审言辞辩论终结时作为既判力基准和适用当事人恒定原则的时间界限，最直观的判断是以裁判文书制作日期作为其时间界限，也就是二审裁判文书下发前。② 无论如何，该观点都认为当事人恒定原则中的"诉讼系属"或"诉讼中"，并非以一审辩论终结或一审裁判下发时为终结点，二审中发生的特定继受行为亦应受到《民事诉讼法解释》第249条的规制。

上述两种观点都有一定道理，但从立法目的和既有案例上来看，笔者更倾向于第二种观点。《民事诉讼法解释》第249条、第250条规定的主要程序性事项如图2所示。对于受让人申请承担诉讼的案件，并未规定一定会发生原、被告主体的变更，人民法院可根据案件的具体情况决定是否准许主体变更。虽第249条规定未明确应考虑何种具体情况，但根据最高人民法院已有案例，人民法院应当考虑的因素包括：诉争权利义务转让事实发生时间所处的诉讼进程；转让事实是否存有争议；当前当事人是否同意受让人承担诉讼；是否损害受让人利益等内容。③ 若在二审中发生特定继受事实，受让人申请参与诉讼的，法院可准许受让人作为第三人参与诉讼，并不违反《民事诉讼法解释》现有规定；若受让人未提出申请，且转让人未告知法庭相关转让事实，法院未启动变更当事人程序的，亦不存在程序瑕疵，无须进行再审。

---

① 参见蒋玮、刘乐童：《我国台湾地区诉讼系属登记制度之适用》，载《人民法院报》2022年4月15日。
② 参见王聪：《当事人恒定原则之本土路径——以〈民事诉讼法解释〉第249条、第250条为起点》，载《华东政法大学学报》2019年第1期。
③ 参见最高人民法院（2016）最高法民终146号判决书。

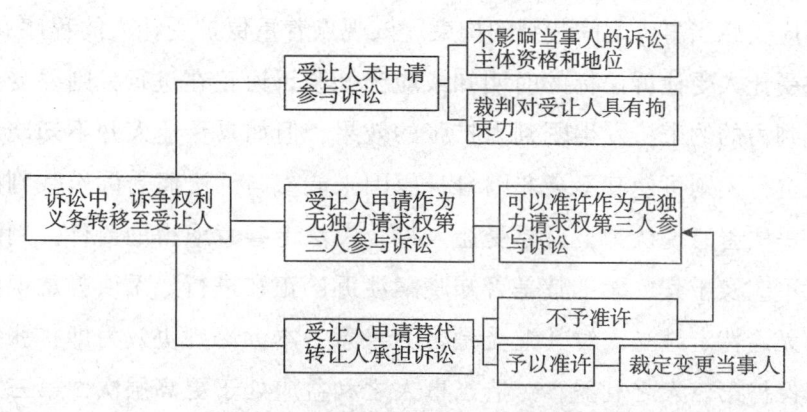

图 2 《民事诉讼法解释》对特定继受程序后果的规定

（二）"善意第三人"应当如何定义

在当事人恒定原则下，作为受让人的第三人是否必然承受既判力主观范围扩张的法律后果呢？德国法规定，例外情形是受让人系善意第三人时，判决效力不及于受让人。然而，当前我国民事诉讼法并无相关规定，《民事诉讼法解释》第 249 条亦未将受让人善意作为判决效力扩张的前提条件。对于善意第三人是否属例外情形及何为善意第三人存在较大分歧，主要有诉讼系属善意说、民法善意说、双重善意说、无须善意说四种观点，其区分如表 1 所示。

表 1 四种学说的观点区分

是否善意取得 \ 是否知晓诉讼	受让人不明知或非因重大过失不明知诉讼	无论受让人是否知晓诉讼
受让人善意取得诉讼标的物	双重善意说	民法善意说
无论受让人是否善意取得诉讼标的物	诉讼系属善意说	无须善意说

诉讼系属善意说是指只要对诉讼系属情况一无所知，即构成善意，其不应受原当事人之间裁判的拘束。该观点着重保护受让人的程序利益，如果受让人受让诉讼标的时明知或应当知晓诉讼正在进行，则要受到判决既判力的约束，发生既判力扩张的效果，但如果受让人并不知晓诉讼正在进行，则可使其不会非因自身原因未能参与诉讼而受诉讼裁判的约束。民法善意说认为，只要受让人符合民法上善意取得的要件，判决效力就不应及于其，无论其是否知晓案涉诉讼正在进行。无须善意说则认为，无论特定继受人对其继受是否为善意，本诉讼判决效力即扩张，相较于保护第三人之利益，对造当事人之利益应处于更高层次，第三人之利益，无论实体利益还是程序利益，可通过其他程序机制，如诉讼告知、法院职权通知、第三人撤销之诉等予以保护。[1] 双重善意说是指受让人除必须符合民法上的善意取得条件外，还必须具备不知道或不应当知道诉争物正处于诉讼系属中，这也是德国学界的主流观点。[2]

笔者认为，从理论上讲，采用双重善意说更具有正当性，能较好地实现另一方诉讼主体与受让人之间的利益平衡。诉讼系属善意说忽视了受让人在受让权利时应当具有的良善义务与谨慎义务；民法善意说则使当事人恒定原则意图追求的"使已进行的程序不至于归为无效，避免了多次开启程序给法院带来负担"[3] 的程序价值被大大限制。无须善意说为了维护对造当事人的利益过分忽视了受让人的权利，有观点以《民事诉讼法解释》第249条并无对善意第三人免除既判力扩张的规定为依据，认为我国实际采纳了无须善意说，但在笔者看来，无须善意说与我国第三人撤销之诉制度的设置存在一定冲突。由于本文的目的并不止步于探讨特定继受行为在理论上的应然性和可完善性，主要意图是解决实践中

---

[1] 参见刘广林：《台湾地区当事人恒定与诉讼承继制度之考量——兼评〈最高人民法院关于适用《中华人民共和国民事诉讼法》的解释〉第249、250条之规定》，载《河北法学》2016年第9期。

[2] 参见 [德] 汉斯-约阿希姆·穆泽拉克：《德国民事诉讼法基础教程》，周翠译，中国政法大学出版社2005年版，第127~128页。

[3] 宋春龙：《当事人恒定的法理基础与司法适用》，载《当代法学》2018年第4期。

特定继受行为发生后对执行程序当事人变更制度的影响，因此，将在后文就此问题从当事人权利救济的角度提出具体的解决办法。

四、探查：特定继受与执行当事人变更程序的衔接

司法实践中，对于某个行为是否属于《民事诉讼法解释》第249条规定的特定继受，以及是否必然产生既判力扩张的法律后果，都存在着一定争议。那么，在判决生效后，执行阶段应当如何列明当事人？执行法院应通过何种程序变更执行当事人？受让人如果认为其不应成为执行力扩张的对象又该如何实现权利救济？

（一）既判力与执行力主观范围扩张的异同

关于执行力主观范围扩张的理论基础，传统观点认为就是既判力主观范围的扩张理论，两者在范围上完全相同。但近年来，越来越多的学者提出，传统观点不能完全解释执行中变更、追加当事人的正当性，[①] 执行力主观范围扩张具有理论独立性，与既判力主观范围扩张并不完全相同。[②] 进而有学者提出，执行力主观范围扩张与既判力主观范围扩张在一般情况下是一致的，但并不是绝对的，在特定情形下，既判力主观范围扩张，并不一定导致执行力主观范围扩张。[③]

从理论上讲，既判力主观范围扩张与执行力主观范围扩张不一致的情况主要有两种：一是在受让人对申请执行人存在固有抗辩权源的情况下，可击退申请执行人依据执行名义对受让人的执行力，而这固有抗辩属另一法律关系，可以和前诉既判力和平相处，从而也使执行力扩张范围小于既判力扩张范围；二是在转让人与受让人之间法律关系较为复杂时，虽然理论上既判力可以扩张至受让人，但在实际操作中，简单的执

[①] 参见郭士辉：《一次推进立法完善和执行改革的纵深探索——第一届全国法院执行理论与实务研讨会综述》，载《人民法院报》2005年12月7日。

[②] 参见肖建国、刘文勇：《论执行力主观范围的扩张及其正当性基础》，载《法学论坛》2016年第4期。

[③] 参见向国慧：《论执行力主观范围扩张》，西南政法大学2014年博士学位论文。

行审查程序并不能判断转让人与受让人之间的权利义务转移是否真实有效,直接扩张执行名义的执行力,对实体法秩序造成破坏的可能性较大,此时不宜直接扩张执行力主观范围,① 转让人与受让人或其他主体可另行通过诉讼程序对权利义务进行确认。

就当事人恒定原则带来的既判力主观范围扩张对执行力主观范围扩张的影响而言,我国法律及司法解释并无明确规定。《最高人民法院关于民事执行中变更、追加当事人若干问题的规定》(以下简称《变更、追加当事人规定》)中作了部分列举式规定,应如何理解这些规定与《民事诉讼法解释》第249条之间的关系?一种观点认为,应将这些规定作为完全列举,凡不属于此规定内容的均不应在执行程序中变更、追加当事人;第二种观点则认为,这些规定并非完全列举,《民事诉讼法解释》第249条规定的既判力扩张一般情况下理应产生执行力扩张的结果,属于无须明确规定的当然情形。《中华人民共和国民事强制执行法(草案)》(以下简称民事强制执行法草案)第18条、第19条中虽然有执行依据确定的权利的承受人及执行依据确定的义务的承受人等主体可以被变更、追加为申请执行人或被执行人的规定,但这些条款中的承受人一般应被理解为因当事人死亡、法人合并或分立产生的权利义务承继人,是否包含特定继受人似乎还存在不少疑问。

综上,就特定继受发生后因当事人恒定原则未在审判阶段变更当事人的案件来说,在执行阶段至少面临三大问题,一是谁有权启动变更执行当事人的程序?二是应当如何审查是否产生既判力扩张乃至执行力扩张的法律后果?三是如果当事人对发生或不发生执行力扩张的法律后果不服,如何寻求法律救济?

(二)执行力主观范围扩张的启动程序

执行中,变更当事人程序的启动,首先必须明确的是谁有资格启动,

---

① 参见向国慧:《论执行力主观范围扩张》,西南政法大学2014年博士学位论文。

关于这一点存在当事人主动申请和依职权启动两种观点。

第一种观点奉行当事人主义，认为处分原则是民事诉讼中的重要原则，当事人有权处分自己的权利，如果申请执行人在明确知晓受让人的情况下，并不向法院申请变更被执行人，应视为其放弃对案外人义务的追究，人民法院不应该干涉。① 另一种观点则奉行职权主义，认为法院执行机构有权直接进行变更，以免除在执行当事人之间来回沟通信息的成本，在最短时间内保护当事人的合法权益。也有学者认为，对于那些权利义务关系明显没有争议、事实较为清晰的案件，法院可以在执行时主动依职权启动；而对于那些权利义务关系复杂，需要当面询问双方当事人的案件，应由执行当事人申请。

笔者认为，变更当事人的启动主体既可以是当事人也可以是法院，但应当秉持当事人为一般、法院为例外的原则。一般情况下应由当事人提起变更程序，并非仅在于尊重当事人的处分原则，实际上，除了申请执行人之外，被执行人也应当有权提起变更被执行人申请。毕竟，被执行人对权利义务转让情况最为了解，其能为变更程序的后续进行提供较为翔实充分的证据。同时，被执行人相较申请执行人而言，更有变更被执行人的迫切愿望，就申请执行人而言，其更看重的是判决的履行结果，对究竟何人为被执行人缺少关心。之所以赋予法院启动主体的资格，主要是为了防止出现执行僵局，倘若申请执行人与被执行人均不申请变更被执行人，但又确有证据应当变更被执行人的，法院可依职权自主作出变更被执行人的裁定。

（三）执行力主观范围扩张的审查程序

以德、日为代表的大陆法系国家采用执行文制度来解决当事人适格的审查问题，并由审判机关负责。变更、追加当事人直接关涉当事人的

---

① 参见肖建国：《执行当事人变更与追加的程序研究——基于德、日、韩执行文制度的比较研究》，载《法律适用》2011年第9期。

实体利益，若未经审判机关实体审查而是由执行机关形式审查后直接作出裁定，则当事人利益无法得到完全保障。[1]

这种观点有一定的道理，特别是考虑到特定继受行为本身的复杂性，确实有必要进行实体审查，而不仅是形式审查。不过，这种诉求并非不能被我国变更、追加当事人制度所吸收。根据《变更、追加当事人规定》第32条规定："被申请人或申请人对执行法院依据本规定第十四条第二款、第十七条至第二十一条规定作出的变更、追加裁定或驳回申请裁定不服的，可以自裁定书送达之日起十五日内，向执行法院提起执行异议之诉"，可见，我国实际上确立了以形式审查为主、以实质审查为辅的当事人变更审查机制。对于关联事实较为复杂，需要进行实体审查的变更、追加事项，可以通过执行异议之诉来进行全面审查。只要在未来立法中明确可以将特定继受人变更为执行当事人，且赋予其执行异议之诉的救济途径，即可达到对特定继受行为提供实质审查程序的目的。

（四）执行力主观范围扩张的救济途径

在坚持当事人恒定原则的前提下，执行力主观范围扩张可能遇到的问题主要有：（1）对特定继受事实存有争议，被执行人与受让人之间无法就是否应发生执行力主观范围扩张达成一致意见；（2）对特定继受事实无争议，但受让人认为执行依据错误，不应付诸执行；（3）另一方当事人认为特定继受行为损害其利益而不同意变更受让人为被执行人；（4）申请执行人因其与受让人之间的特殊关系（包括身份关系、债权债务关系及其他关系）而不同意变更当事人。对于这些不同问题，应当进一步分析其产生的原因及争议主体，并作出不同的应对。

第一种情形，其实质是围绕特定继受行为而在转让人与受让人之间形成的冲突，无论执行法院是否作出予以变更的执行裁定，受让人或转

---

[1] 参见高明：《错位与归位：审执分离改革中执行审查权的重构初探》，载《法律适用》2017年第21期。

让人总会有一方不服，要求进行实质审理。在此情形下，笔者认为应当赋予另一方提起执行异议之诉的权利，通过实体审查来最终确定应当享有权利或承担义务的执行主体。

第二种情形，其实质是受让人与执行依据另一方主体之间的冲突。受让人一般会以其在受让时不知道诉讼的存在、未被通知参与诉讼为由，不服执行依据向其扩张执行力。解决这一问题的基本理论依据应当是前文所讨论的既判力主观范围扩张的限定性，即是否扩张至善意受让人以及如何定义善意。从理论上讲，双重善意说刚好能较好地平衡受让人的实体利益与另一方诉讼主体的程序利益，因为确实存在受让人不知晓诉讼而转让人因自己无须承担责任而怠于行使诉讼权利的情况，此时受让人如果能符合提起第三人撤销之诉的条件，即非因自身过错而未能参与诉讼，并能提出之前裁判确有错误的证据，那么确实应当撤销当前的执行依据。但是，《民事诉讼法解释》第249条并没有对善意的限制性条件作出规定。司法实践中如何调和这一冲突呢？笔者认为，对于特定继受引起的既判力主观范围扩张乃至执行力主观范围扩张，应当坚持实质上的双重善意说和程序上的无须善意说。在受让人与转让人对特定继受行为并无争议的情况下，无论受让人是否为善意，执行法院均可裁定变更受让人为执行当事人，但是如果受让人对执行依据有异议，则可以提出第三人撤销之诉，在第三人撤销之诉中坚持双重善意说，受让人符合该条件方可撤销执行依据，以保障自己的实体权利不受损害。

第三种情形，由于该事由与本案执行依据无关，另一方当事人可通过提起新的诉讼等方式维护自己的权利，不影响本案执行依据的继续执行。当然，另一方当事人也可撤回执行申请，若其既不同意撤回执行申请，又不同意变更执行当事人，执行法院可以向转让人释明，要求其提出变更被执行人申请。在双方都不提出申请，或因客观情况无法提出时，执行法院可依职权予以变更。当事人对执行法院依职权的变更行为不服，可以通过执行异议、复议程序寻求救济。

第四种情形下，执行法院应当向申请执行人进行释明，要求其在一定时间内申请变更当事人。若其未在一定时间内提出变更申请，则视为其对自身权利的处分，表明其放弃了对受让人申请执行的权利，执行法院可依此裁定终结执行。

行文至此，就本文开头所提案例而言，二审诉讼期间，案外人章某从刘某某处受让取得案涉房屋时，刘某某已向其披露了正在进行的相邻关系诉讼情况，且双方在签订的《补充协议及其他》中对诉讼权利行使及诉讼结果承担均作出书面约定，无论是依据实质上的双重善意说还是程序上的无须善意说，案外人章某均无权对本案执行依据申请再审或提出撤销之诉，本案执行依据的既判力、执行力均及于章某，执行法院应根据刘某申请裁定变更章某为被执行人，章某如果对此不服，可以通过执行异议、复议程序寻求救济。

五、对变更当事人制度的立法建议

我国立法对特定继受行为适用当事人恒定原则，主要目的在于维护裁判过程的便利与裁判结果的稳定，但这种便利与安定往往意味着对受让人利益的忽视，立法重点应当放在维护双方当事人利益平衡上。随着法治中国建设的不断发展，民事强制执行法提上立法议程，执行当事人追加、变更制度的核心框架和内在逻辑已初步建立，但关于变更当事人及程序衔接条款仍待优化。民事强制执行法草案第18条、第19条对变更、追加申请执行人与被执行人的情形作了分条列举，与变更、追加当事人规定相比更加简练，但其概念内涵也相对模糊，两个条文中关于"权利的承受人""义务的承受人"的表述有待进一步解释和完善，且无"其他权利或义务承受人"的兜底性表述，若以变更、追加当事人规定来理解，显然会将特定继受行为带来的执行当事人变更排除在外，不利于《民事诉讼法解释》第249条与执行当事人变更程序的衔接。同时，民事强制执行法草案第21条赋予依第19条第2款第5项、第6项规定作出的裁定以"提起诉讼"的救济方式，这一规定基本上是对《变更、追加当事人规定》第32条的延续，但在表述上从之前的"向执行法院提起执行异议之诉"变更为"向作出裁定的人民法院提起诉讼",显示出立法者希望为当事人提供更加多元的救济途径,这对特定继受人来说未必不是一件好事。笔者认为,在立法上对特定继受带来的执行当事人变更问题可以选择两种解决途径:第一,在民事强制执行法草案第18条第2款、第19条第2款中将特定继受带来的变更、追加当事人单独列明,同时将其列入第21条赋予"提起诉讼"救济方式之情形;第二,在后续相关司法解释中作出具体规定。总体来看,由于理论研究的不完善,现行相关法律和司法解释规定无法满足现实需求,各地法院在执行实务中对这一问题仍存在较多争议。笔者认为,在民事强制执行法立法过程中,特定继受情形下执行当事人变更程序问题,应当得到理论界和实务界的更多关注,以期通过制度的完善和优化得以满足司法之需。本文相关建议乃抛砖引玉之言,也待进一步商榷和批评。

论对破产程序中担保债权执行机制的重构
——以执行与破产程序衔接不畅产生的执行异议案例为视角

周小辉[*]

我国当前对破产程序中担保债权人利益实现完全排除强制执行救济程序的适用,更多采取在破产程序中由管理人或自行管理的债务人主动偿还的模式。上述债权实现模式对担保债权无疑不能够提供应有的保护,直接影响物的担保价值发挥、导致信贷价格的走高并进而影响社会交易和经济社会发展。担保债权并不是破产程序所调整的权利义务关系,两者本质上不属于同一法律范畴。为债务人提供制度挽救机会以及实现债务人资产价值的最大化是破产程序中担保债权中止行使的出发点。从法律角度看,凡是转移占有的担保物基本上非破产重整或债务人资产价值最大化所必需。破产程序中担保债权行使制度设计和实现机制安排都必须充分体现破产法立法目标和担保债权人利益保护的平衡,特别应充分发挥强制执行在担保债权实现上的救济作用。本文从担保物是否转移占有和破产程序不同阶段分两个层级来论述执行程序是否应中止,并建议规定一定中止执行期限和不同的救济渠道。以期对破产程序中担保债权实现机制安排重构和相关破产法律制度修改有所裨益。

---

[*] 湖南省高级人民法院执行局复议监督处处长。

一、问题的提出：执行与破产程序衔接不畅产生的执行异议案例评析

（一）基本案件事实

招商银行股份有限公司长沙分行（以下简称招行长沙分行）与怀化英泰建设投资有限公司（以下简称英泰公司）等金融借款合同纠纷一案，湖南高院作出（2014）湘高法民二初字第38号民事判决判令，由英泰公司限期偿还招行长沙分行委托贷款本金1亿元及利息、违约金。该案执行过程中，湖南高院于2018年6月5日公开拍卖英泰公司借款抵押房产，拍卖因无人竞买流拍。执行另查明第三人长沙通程控股股份有限公司（以下简称通程控股公司）承租了被执行人英泰公司所有的"英泰国际"二期裙楼商业用房，湖南高院于2018年6月8日向通程控股公司发出（2015）湘高法执协字第28-4号协助执行通知书，要求其协助扣留、提取被执行人英泰公司在该公司的房屋租金收入、设备设施使用等费用人民币8553.77万元。当日，通程控股公司将8553.77万元通过银行转账直接支付至招行长沙分行账户。两年之后，英泰公司2020年8月12日就（2015）湘高法执协字第28-4号协助执行通知书提出执行异议称：怀化中院已于2018年6月5日裁定受理异议人重整申请，湖南高院2018年6月8日还提取异议人的到期债权8553.77万元至招行长沙分行账户，明显违反了企业破产法第19条的规定，请求撤销（2015）湘高法执协字第28-4号协助执行通知书，将提取的租金执行回转。

另查明，2018年6月4日，英泰公司向怀化中院提出重整申请，怀化中院于2018年6月5日作出（2018）湘12破申1号民事裁定，裁定受理英泰公司的重整申请，同日将该民事裁定书送达英泰公司，但未告知执行该案的湖南高院。怀化中院2018年6月12日立案受理英泰公司破产重整一案后，于2018年10月30日作出（2018）湘12破3号决定，指定湖南通程律师事务所担任英泰公司管理人。2019年1月2日，怀化中院

在《人民法院报》发布公告，通知英泰公司等4家公司的债权人在指定期限内申报债权。

还查明，本案贷款1亿元系长沙通程实业（集团）有限公司（以下简称通程实业公司）委托招行长沙分行于2013年12月24日向英泰公司发放，委托协议约定，如需诉讼，由通程实业公司委托招行长沙分行以招行长沙分行的名义提起。英泰公司就上述贷款提供其所开发的"英泰国际"二期部分房产进行抵押担保、办理了抵押登记手续，并于2013年12月20日协议将其应当向通程控股公司收取的"英泰国际"二期裙楼商业用房租金质押给通程实业公司作为上述贷款的担保，租金质押于2014年2月8日在中国人民银行征信中心办理了应收账款质押登记。

（二）裁判结果及评析

湖南高院异议审查认为，本案执行过程中公告拍卖被执行人英泰公司借款抵押房产，被执行人英泰公司于拍卖日前夕向怀化中院申请破产重整。因怀化中院2018年6月5日受理英泰公司破产重整申请后未及时告知该院，该院在不知情的情况下于2018年6月8日向协助执行人通程控股公司发出协助执行通知书，对被执行人英泰公司在该公司的租金等应收账款采取执行措施，执行程序并无错误。企业破产法第19条规定："人民法院受理破产申请后，有关债务人财产的保全措施应当解除，执行程序应当中止。"第75条第1款规定："在重整期间，对债务人的特定财产享有的担保权暂停行使。但是，担保物有损坏或者价值明显减少的可能，足以危害担保权人权利的，担保权人可以向人民法院请求恢复行使担保权。"《全国法院民商事审判工作会议纪要》（法〔2019〕254号，以下简称《九民会议纪要》）第112条第1款进一步明确："重整程序中，要依法平衡保护担保物权人的合法权益和企业重整价值。重整申请受理后，管理人或者自行管理的债务人应当及时确定设定有担保物权的债务人财产是否为重整所必需。如果认为担保物不是重整所必需，管理人或者自行管理的债务人应当及时对担保物进行拍卖或者变卖，拍卖或者变卖担保物所得价款在支付拍卖、变卖费用后优先清偿担保物权人的债权。"鉴于被执行人英泰公司已将其对通程控股公司的应收账款质押给了本案的委托贷款人通程实业公司,应收账款亦非英泰公司重整所必需的核心资产,即使本案没有执行被执行人英泰公司的上述应收账款,英泰公司管理人也应当及时收取通程控股公司的应收账款支付给质押权人通程实业公司。所以,从实体上讲,本案已执行被执行人英泰公司在通程控股公司的应收账款也没有再回转给通程控股公司或英泰公司管理人的必要。遂于2020年10月22日作出(2020)湘执异26号执行裁定,驳回英泰公司的异议请求。英泰公司收到上述执行裁定书后,在法定期限内提交了复议申请书。之后,又撤回了复议申请。

(三) 问题提出的逻辑起点:破产程序中担保债权实现机制安排和实体利益保护的冲突

企业破产法第19条规定:"人民法院受理破产申请后,有关债务人财产的保全措施应当解除,执行程序应当中止。"《最高人民法院关于适用〈中华人民共和国企业破产法〉若干问题的规定(二)》第5条规定:"破产申请受理后,有关债务人财产的执行程序未依照企业破产法第十九条的规定中止的,采取执行措施的相关单位应当依法予以纠正。依法执行回转的财产,人民法院应当认定为债务人财产。"从上述法律和司法解释的规定来看,被执行人破产申请被受理后,对该被执行人所有的执行程序都应当中止,已取得执行依据的担保债权也不例外,如未中止执行的,还应当执行回转予以纠正。就本案而言,严格按照上述程序规定,应当先将已执行被执行人房屋租金等8553.77万元执行回转给英泰公司管理人,再由英泰公司管理人在破产程序中支付给租金质押权人即本案实际债权人通程实业公司。由于被实际执行回转人和最终应取得利益人系同一主体且利益相同,应收账款亦非英泰公司重整所必需,依照破产程序中管理人也应依法平衡保护担保债权人合法权益的精神,上述操作程序循环往复无疑将会造成了巨大的司法资源浪费,完全没有必要。

所以湖南高院执行异议裁定从实际出发，以执行回转没有必要性为由裁定驳回了英泰公司管理人的执行回转请求。英泰公司管理人提交复议申请书后又主动撤回，反映其亦认可执行异议裁定。从上述执行异议案例，可以发现我国当前对破产程序中担保债权人利益实现完全排除强制执行救济程序的适用，更多采取在破产程序中由管理人或自行管理的债务人主动偿还的模式。上述债权实现模式对担保债权无疑不能够提供应有的保护，司法实践中也大量存在被执行人在担保债权执行过程中申请破产造成担保债权二年至三年甚至更长时间无法实现也无救济渠道的情形。长此以往，无疑将会影响物的担保价值发挥，导致信贷价格的走高并进而影响社会交易和经济社会发展。破产程序中担保债权究竟是否应中止行使？中止行使应考虑哪些主要因素？如何处理好实现破产程序价值目标与保障担保债权人利益之间的平衡？应如何重构符合价值平衡需要的担保债权实现新模式？笔者试探就此进行相关分析。

二、破产程序中担保债权是否中止行使的理论分析

（一）破产程序中担保债权应否中止行使

破产程序是指当债务人不能以其财产清偿债务时，为保护多数债权人并兼顾债务人的利益，由法院对债务人的总财产进行概括的强制执行，以使债权人获得公平清偿的程序。[①] 破产程序中担保债权是指企业破产法第109条"对破产人的特定财产享有担保权的权利人，对该特定财产享有优先受偿的权利"中规定的权利。较一般民法中担保物权概念有所扩张，既包括约定担保权也包括法定担保权，还包括船舶优先权、民用航空器优先权等特别优先权，但不包括定金担保、保证担保以及其他在破产程序中不能享有优先受偿权的担保债权。

从我国破产程序与担保债权关系的沿革来看，1986年企业破产法

---

① 参见程清波：《国际破产法研究》，湖南师范大学出版社1995年版，第1页。

（试行）第28条第2款规定，已作为担保物的财产不属于破产财产。上述规定遭到有的学者反对，认为按照上述规定，担保物管理处分权的归属主体就难以确定，会使担保物处于无人占有或控制的状态。对此，2006年颁布的企业破产法对此作了修改，其第30条规定："破产申请受理时属于债务人的全部财产，以及破产申请后至破产程序终结前债务人取得的财产，为债务人财产。"对于担保债权是否属于破产清算范围这一问题，1986年企业破产法（试行）第30条规定，破产宣告前成立的无财产担保的债权和放弃优先受偿权的有财产担保的债权为破产债权，也就是说担保债权不属于破产债权。2006年企业破产法即使没有整体将担保债权排除在破产债权之外，但是第59条第3款规定，对债务人的特定财产享有担保权的债权人，未放弃优先受偿权利的，对于通过和解协议和通过破产财产的分配方案两项核心破产事务没有表决权。究其原因，担保债权就担保物享有的优先受偿权，主要是以担保物为标的的个别清偿；而破产程序主要解决普通债权围绕破产债务人其他财产（狭义破产财产）集体受偿的问题。担保债权并不是破产程序所调整的权利义务关系，两者本质上不属于同一法律范畴。

那么，2006年企业破产法为何要将担保债权纳入破产程序的范围？破产程序与担保债权两者关系应如何定位？纳入的主要原因是现代破产程序被赋予企业重整等更多职能，将担保债权纳入破产程序的大范畴是为了便于破产程序的完整进行，平衡保护担保债权人和普通债权人及破产债务人的利益，这也是当今世界多数国家破产法改革的趋势。但是，纳入并不改变担保债权本质上仍不属于狭义的破产清偿范围的根本属性。现在理论界对破产程序与担保债权关系的理想定位为，破产程序作为集体清偿程序为保障公平与秩序而对债权个别清偿的各种限制，原则上不应适用于担保债权，但是，当担保债权的个别优先受偿影响到破产法的立法目标或普通破产债权集体受偿权利的公平实现时，需要加以限制。[①]

---

① 参见王欣新：《论破产程序中担保债权的行使与保障》，载《中国政法大学学报》2017年第3期。

(二) 破产程序中担保债权中止行使应考虑的主要因素

就破产程序中担保债权的行使，破产程序不同阶段有不同的规定。2006年企业破产法第75条规定："在重整期间，对债务人的特定财产享有的担保权暂停行使。但是，担保物有损坏或者价值明显减少的可能，足以危害担保权人权利的，担保权人可以向人民法院请求恢复行使担保权。"第96条第2款规定："对债务人的特定财产享有担保权的权利人，自人民法院裁定和解之日起可以行使权利。"第109条规定，破产宣告后，对破产人的特定财产享有担保权的权利人，对该特定财产享有优先受偿的权利。综合上述法条，简而言之，我国现行破产法规定担保债权人在破产宣告和裁定和解后可以行使权利，其他时期一般不可以行使权利。只是按破产程序不同阶段对担保债权是否中止行使简单作了规定，没有体现担保债权中止行使应考虑的主要因素，也没有区分担保债权的不同情形、具体权利明确应暂停行使的范围、权利种类及期限，存在过于倾向破产法的立法目的而对担保债权人利益的保护缺位之嫌。那么，破产程序中担保债权中止行使应考虑哪些主要因素呢？

第一，破产企业重整价值和债务人资产价值最大化。从需求的角度看，为具有挽救希望与价值的债务人提供制度挽救机会以及实现债务人资产价值的最大化是破产程序中担保债权中止行使的出发点，为了上述两个目标，可以适当限制担保债权人权利的行使。2019年出台的《九民会议纪要》第112条的规定强调了破产重整程序中管理人或自行管理的债务人应当根据有担保物权的债务人财产是否为重整所必需来判断是否及时对担保物进行变现优先清偿担保债权，体现了平衡保护担保债权人权益和企业重整价值的理念。这是我国司法政策在破产程序中担保债权中止行使利益平衡上的重要探索，强调了以有担保物权的债务人财产是否为债务人重整之必需这一条件来判断是否中止担保债权行使，以此来限制担保债权暂停行使的范围，减少对担保债权实现的影响。除此之外，如将债务人相关联的有担保和无担保的财产一体出售可以实现更高的价值，也可适当限制担保债权的行使。司法实践中应如何判断担保财产是否为破产重整或债务人资产价值最大化所必需呢？主要应根据企业生产经营的实际情况，此种判断本质上是一种经营判断，企业实际情况千差万别，不同人、对不同企业的判断标准又可能不一，所以司法实践中不好把握。从法律角度看，可以作如下初步判断，凡是转移占有的担保物基本上非破产重整或债务人资产价值最大化所必需，因为担保财产被转移占有后，债务人是无法再继续使用的，这也就说明债务人的生产经营对该财产不是十分需要，故此种情形的担保债权一般无须中止行使。而且，转移占有的担保财产被债务人取回使用后，债权人将因失去占有丧失担保权，如留置权人对留置财产丧失占有，留置权即消灭，所以从担保权的性质上分析，债务人不清偿债务就不能恢复对担保物的占有和使用。即便因某种原因，债务人在重整中确实需要恢复使用该项财产，也可以依据企业破产法第37条的规定以"清偿债务或者提供为债权人接受的担保，取回质物、留置物"，换取对原担保财产的脱保使用。

第二，中止行使对担保债权的影响。从供给的角度看，担保债权中止行使除考虑债务人重整和资产价值最大化的需要外，还必需考虑中止行使对担保债权价值状况的影响。企业破产法第75条规定，"担保物有损坏或者价值明显减少的可能，足以危害担保权人权利的，担保权人可以向人民法院请求恢复行使担保权"。也就是说如果担保物出现损坏或价值明显减少的风险时应当准许担保债权人行使权利，不能只考虑债务人重整和资产价值最大化的因素，这是基于担保物的价值状况出发，既是利益平衡的考量，也是经济法则的适用。《九民会议纪要》第112条第2款进一步明确了法院审查担保物权人请求恢复行使担保物权的期限、应当裁定不予批准恢复行使担保物权的情形及复议救济程序，提出了如担保物是重整所必需可采取提供与减少价值相应担保或者补偿的方式继续暂停行使的变通思路。

（三）破产程序中担保债权中止行使的具体权利

担保权人的权利可分为对担保物的变现权和对变价款的优先受偿权。

破产程序中暂停行使的仅限于对担保物的变现权，对担保财产变现后价款的优先受偿不应当受到影响。也就是说，担保权暂停行使只是程序权利即对权利行使的时间上加以限制，而不能影响担保权的实体权利，即对债务人特定财产享有的物权担保与优先受偿权。担保财产是否变现才需考虑破产企业重整或资产整体出售是否需要该财产，变现之后则无上述考虑之必要。且担保物变现之后，担保权因担保财产的变现已经丧失特定财产形态的担保物功能，转化为对变现价款的优先受偿权，如不能及时优先受偿，将使担保权丧失对债权的保障作用。担保债权中的部分权利质押只涉及权利到期后的清偿或提存，没有担保物的变现问题，如本案所涉的应收账款质押，应收取的租金到期后应当及时收取并对担保债权进行清偿。司法实践中应当特别注意不得以债务人重整短缺资金为由侵害担保债权人对变现价款的优先受偿权。

三、现行立法对破产程序中担保债权实现的机制安排及缺陷

通过分析现行企业破产法及其司法解释不难发现，对破产程序中担保债权人利益实现不仅完全排除强制执行救济程序的适用，在具体实现机制安排上也存在以下问题。

第一，实现机制安排的模糊性。企业破产法第75条规定"担保物有损坏或者价值明显减少的可能，足以危害担保权人权利的，担保权人可以向人民法院请求恢复行使担保权"。此处规定的审查认定机构是破产法院，但是从企业破产法的司法解释来看，并没有具体操作性的规定。以上是对破产程序中特殊情形下担保债权实现的规定，对于破产程序中一般情形下担保债权如何实现没有明确规定。如果没有明确规定，似乎就应当按照破产程序的一般规则进行，由破产管理人作为破产事务执行人来初步判断担保债权是否符合行使条件，如认为符合行使条件，再处分债务人财产对担保债权予以清偿。

第二，实现机制安排的缺陷性。根据企业破产法第23条、第61条、第69条的规定，管理人执行职务接受债权人会议和债权人委员会的监

督，破产管理人管理和处分债务人财产的行为应当及时报告债权人委员会。《最高人民法院关于适用〈中华人民共和国企业破产法〉若干问题的规定（三）》第 15 条第 1 款更是进一步规定："管理人处分企业破产法第六十九条规定的债务人重大财产的，应当事先制作财产管理或者变价方案并提交债权人会议进行表决，债权人会议表决未通过的，管理人不得处分。"可见，破产程序中担保债权的实现最终决定权掌握在债权人委员会手中。虽然担保债权人也是债权委员会的成员或权力不完整的准成员，但显然不是债权人委员会的主体，债权人委员会的普通债权人主体结构决定了其对普通债权人利益保护的天然倾向性。在普通债权人和担保债权人利益的平衡上，由其扮演裁判者的角色无疑会存在先天缺陷性，不同程度会出现过于倒向己方或对他人利益关注不够的问题。即使破产法官也可能存在暂停担保权行使的冲动，以使自己能够掌握更多的资源为履行职务提供更大的操作余地和工作便利。在这种心态偏好下，理解与执行法律就可能受到潜意识的影响，担保权人的及时变现获得清偿等利益往往被忽视，认为只要最终担保财产变现分配时（不管早晚）能够让担保权人优先受偿就算是保护了担保债权人的利益。而担保债权人不仅要求得到法律规定的优先受偿，而且希望尽快得到清偿，避免资金的时间损失和担保物贬值的风险。①

四、破产程序价值与担保债权人利益之间的平衡及实现路径选择

通过上述分析，我们发现我国现行立法关于破产程序中担保债权行使制度设计和实现机制安排都难以在破产法立法目标和担保债权人利益保护平衡上取得好的效果。笔者试就我国破产程序中担保债权实现的路径重新选择的必要性和应然性进行探析。

---

① 参见王欣新：《论破产程序中担保债权的行使与保障》，载《中国政法大学学报》2017 年第 3 期。

（一）重新选择路径的必要性

判断一个存在弊端的机制有无改革的必要性，首先要分析一下这个机制的重要性，重要性越大则改革的必要性也就越大。担保物权对于债权的保护具有至关重要的作用，不仅可以促进信贷发展，提高债务人的信用和履约能力，对降低交易成本与风险、保障交易履行与维护市场秩序也有促进作用。要实现担保法立法目标的关键，是必须辅以一套尊重担保交易法律所产生权利的破产法。[1] 破产法应载有明确的规则，说明破产程序对有担保债权人的权利的影响，以使有担保债权人能够量化与破产有关的风险，并在评估是否提供信贷和按什么条件提供信贷时将这些风险考虑在内。[2]《贸易法委员会担保交易立法指南》还指出："债权人通常要求为保护其权益而出具担保，以防债务人无法偿债。要使担保达到这一目的，可以这样说，破产程序启动时不应迟延或阻止有担保债权人立即实现其对抵押资产的权利。归根结底，有担保债权人是以担保换取可反映担保权益信赖度的价值。因此，对于采取任何将会降低有担保债权人收债能力的确定性和减损担保权益的措施，例如对有担保债权人适用中止，可能都需要认真加以考虑。这样一种措施最终不仅有损于当事方在其商业往来中的意思自治和遵守商业交易的重要性，而且不利于获得费用可承受的信贷；担保权益提供的保护一旦下降，信贷价格就会上升，以抵消更大的风险。"[3] 可见，破产程序中担保债权实现机制是担保制度作用发挥的关键，重构破产程序中担保债权实现机制对于促进社会交易和降低交易成本都具有十分重要的意义。

（二）域外相关法律制度

从其他国家的立法来看，很多国家规定担保债权不因债务人破产清

---

[1] 参见联合国贸易法委员会编:《贸易法委员会担保交易立法指南》，第1页。
[2] 参见联合国贸易法委员会编:《贸易法委员会担保交易立法指南》，第425页。
[3] 联合国贸易法委员会编:《贸易法委员会担保交易立法指南》，第80页。

算受到影响，也有破产程序中对担保物的强制执行制度。如：日本破产法第 65 条第 1 款规定，别除权可以不依破产程序而自由行使。在破产程序中，债务人的财产最终被全部变价清算后按照实体法规定的顺序把获得的价款分配给债权人，因此与考虑维持经营，用将来收益向债权人清偿的重整程序不同，限制担保权行使并不是破产程序的基本原则。破产程序中，抵押权人可直接向执行裁判所申请享受抵押权（查封），并可以从拍卖的价款中受偿。英国公司和个人破产法也规定，债权人对债务人的财产执行担保的权利通常不会因为债务人破产或清算而受到影响。普通法上的抵押权人有权占有财物，有权指定财物孳息的"接管人"，有权变卖财物，有权取消抵押人的回赎权。衡平法上设立抵押的文件通常会赋予抵押权人一项明确的权利，即当债务人违约时，抵押权人能够占有和变卖抵押财物。留置权和质权人都同样拥有变卖物品这项契约性权利。

（三）重构破产程序中担保债权执行机制的思考

笔者认为，破产程序中担保债权行使制度设计和实现机制安排都必须充分体现破产法立法目标和担保债权人利益保护的平衡，既要考虑到债务人重整和资产最大价值整体出售的需要，也应保护担保债权的尽可能早日实现。对于已取得执行依据的担保债权，特别应充分发挥强制执行在担保债权实现上的救济作用，构建破产程序中担保债权执行新机制。具体可从以下两个层级进行把握。

首先，根据担保物是否转移占有来判断是否需要中止执行。从担保物是否转移占有作第一层级分析，由担保债权人占有担保物的，债务人并不实际使用该财产，那么间接反映该财产对于债务人重整和资产整体出售一般影响不大，所以对该类财产原则上不应中止执行。如债务人重整确需该担保物，可通过清偿债务或提供为担保债权人可接受的其他担保予以替代。对于未转移占有的担保再作第二层级的考虑。

其次，对于未转移占有的担保，再根据破产程序的不同阶段确定是否中止执行。重整程序中对未转移占有的担保物原则上应中止执行。重整程序的目的是尽可能地挽救债务人起死回生这一破产法重要立法目的和最高价值，为实现这个最高价值目标，原则上应中止执行处置担保物，尽可能促成这一目标实现。但是为平衡保护担保债权人的利益，不能无期限中止执行，要规定一定中止执行期限。可采取规定一般期限加审批延长的方式，规定六个月左右的一般期限，再赋予破产管理人可向破产法院申请延长一次期限的权利，由破产法院根据重整实际情况裁定是否延长，以最大限度地限定中止执行的时间。在中止执行期限内，担保债权人也可以担保物非重整必要、担保物存在价值减损风险及担保物已处置变现或权利担保无须变现为由向破产法院申请恢复担保权行使，由破产法院根据案件事实予以裁定，并赋予担保债权人对裁定不服可向破产法院上一级法院上诉进行救济的权利。

其他破产程序中对未转移占有的担保物原则上也不中止执行。但是，如破产管理人认为担保物系债务人整体财产中不可或缺的重要组成部分、单独执行担保物会直接影响债务人资产整体和最大价值出售，可向执行法院申请中止对担保物的执行，由执行法院根据实际情况进行裁定，并将此类执行裁定定义为可申请复议的执行行为，破产管理人对裁定不服，可直接向执行法院的上一级法院申请复议进行救济，复议期间暂停担保物的处置程序。

执行机构审查公证债权文书的实现路径
——以42份不予执行裁定为视角

商 上[*]

赋予强制执行效力公证债权文书经历了40年的发展，据以申请执行的案件总量不多，却是当事人请求法院实现债权的重要法律依据之一。自《最高人民法院关于公证债权文书执行若干问题的规定》（以下简称《公证债权文书执行若干规定》）颁布以来，各界对执行机构如何审查赋有强制执行效力的公证债权文书引发了激烈争论。《〈民事强制执行法（草案）〉征求意见稿》（以下简称《征求意见稿》）仅在第三章第17条不予执行情况予以明确，但对审查方式及途径并没有作出规定。本文以不予执行公证债权文书案件为视角，从反面探究案件程序和实体审查重点，围绕执行机构为什么要审查公证债权文书、如何审查、审查什么进行研究，阐述公证债权文书的审查路径。

一、公证债权文书审查的理论和现实困境

自1982年10月《公证暂行条例》颁布以来，债权公证已在我国经历了整整40年的理论和实践探索，随着相关法律法规、司法解释陆续实

---

[*] 江苏省高级人民法院执行局法官助理。

施,公证债权文书可申请强制执行逐渐被公众熟知。[①] 2018年最高人民法院颁布了《公证债权文书执行若干规定》,对赋予强制执行效力的公证债权文书司法审查进行细化,明确了不予执行公证债权文书的条件,[②] 为公证债权文书司法审查提供了法律支撑。《征求意见稿》对不予执行公证债权文书的情形予以明确,但公证程序与审判和仲裁程序相比缺乏对抗性,故而公证债权文书天生具有"软弱性"。加之,民事强制执行程序多以生效裁判和仲裁裁决为执行依据,而在公证债权文书程序保障不足的情况下,如何通过司法审查,确保据以申请执行的公证债权文书实体正确、程序合法就显得尤为重要。

但遗憾的是,由于公证债权文书申请执行的案件较少,理论界和实务界对《公证债权文书执行若干规定》研究不足,还停留在争论审查应采取"一元审查"和"二元审查"的阶段,围绕公证债权文书的司法审查理论研究不深入,实现路径还不清晰。本文将2019—2021年江苏法院赋予强制执行效力的公证债权文书申请执行案件为研究对象,以《征求意见稿》关于不予执行公证债权文书情形作为切入点,就困扰司法实践中的公证债权文书审查原则及实现路径问题进行深入探讨,为进一步解决实践困难提供建议和参考。

二、裁定不予执行公证债权文书事由

(一)裁定不予执行公证债权文书总体情况

2019—2021年,江苏法院共受理公证债权文书申请执行的案件共5279件。因新冠疫情影响,2020年案件量出现下降,但占江苏全省执行案件总量比例基本保持不变。2019—2021年,江苏法院裁定不予执行公

[①] 参见陈欢欢:《论公证债权文书执行效力的阶段化改革——兼评〈关于公证债权文书执行若干问题的规定〉》,载《时代法学期刊》2019年第6期。

[②] 参见王韧:《公证书证据效力审查新探——构建公证司法审查制度》,载《法制博览》2019年第9期。

证债权文书案件共 42 件，占申请执行案件量的 0.79%，主要分布在南京、无锡、苏州等当地经济发展水平较高、公证案件量较大的地区，见表 1。

表 1　2019—2021 年公证债权文书申请执行情况统计

年份	申请执行（件）	不予执行（件）	占比
2019	2025	22	1.09%
2020	1612	13	0.81%
2021	1642	7	0.43%

（二）不予执行公正债权文书事由

2019—2021 年，江苏法院裁定不予执行公证债权文书的案件共 42 件，主要呈现四种类型。

1. 公证债权文书的内容与事实不符

执行法院因公证债权文书载明的内容与事实不符而裁定不予执行的案件共 26 件，占全部不予执行案件 61.91%。案件主要特点：（1）申请执行人多为小额贷款公司或投资公司，企业主营业务包含金融服务；（2）被执行人多为自然人，多以名下不动产设立抵押担保；（3）出借人放款后，要求借款人向案外人提前支付利息等，实用金额与借款金额不符。例如南京市雨花台区人民法院（2021）苏 0114 执 927 号案件，中航某公司申请执行李某某借款合同纠纷一案。被执行人李某某向中航某公司借款 93 万元，自愿将名下房产设立抵押担保。但放款当日，中航某公司以提前偿还利息为由，要求其向案外人北京某科技公司和吴某分别支付 16740 元、27900 元，李某某随即支付，上述还款事实未在公证债权文书中载明，系借贷关系查明不实，故裁定不予执行。

2. 公证机构未完全履行审查义务

执行法院因公证机构未依法通知和询问债务人而裁定不予执行的案

件共12件，占比28.57%。案件主要特点：（1）当事人双方多为自然人，借款人多以名下房产设立不动产抵押；（2）公证机构以书面审查代替现场询证。例如徐州市泉山区人民法院（2019）苏0311执2731号案件，姚某某等四人申请执行李某某、余某某借款合同纠纷一案。公证机构在签发执行证书时，以寄送《核查告知书》代替现场询证，未对债务人所欠本金、利息等进行核实，严重违反法定程序，故裁定不予执行。

3. 公证债权文书违反法律强制性规定

执行法院因公证债权文书确认的利息或违约金过高而裁定不予执行的案件共2件，占比4.76%。主要特点：（1）利息或违约金约定过高，超过法定上限；（2）有违公序良俗。例如盐城市亭湖区人民法院（2020）苏0902执2567号案件，苏宁某公司申请执行刘某借贷纠纷一案。本案执行依据（2019）盐某字3985号公证债权文书确认利息计算方式过高，远远超过民间借贷的上限，严重违反法律的强制性规定，有违金融秩序，故裁定不予执行。

4. 遗漏被执行人

执行法院因未列明全部被执行人而裁定不予执行的案件共2件，占比4.76%。两案均为崔某借款纠纷，崔某生前分别向陈某和马某借款，并以名下房产进行抵押，事后无法履行到期债务。申请执行时申请执行人未将遗产继承人列为被执行人，公证债权文书也未将继承关系一并查明，故裁定不予执行。

（三）不予执行公证债权文书事由分析

通过研究不予执行公证债权文书可以发现，不予执行的事由相对集中，有公证机构未尽到审查义务，有公证债权文书记载与事实不符，也有因违反公序良俗而不予执行。由此可以看出，在审查公证债权文书时，执行机构在程序、实体和公序良俗方面要进行全面审查，审查的重点主要聚焦债务人是否到场参加询证、借贷事实及金额是否查清两个方面，进而初步勾画出执行机构的审查方式。

三、执行机构审查公证债权文书的路径

《征求意见稿》第 17 条第 1 款确立了公证债权文书程序性审查要求，第 2 款确立了实质性审查要求，进一步将全面审查原则固定化，明确了公证债权文书"为何审""怎么审""审什么"等内容，为公证债权文书审查提供了操作指引。

（一）"为何审"——公证债权文书的强制性依赖于司法审查的确认

司法审查是指执行机构对公证债权文书有无强制执行效力，及其程序合法性和实体正当性进行审查和监督的活动。赋予强制执行效力公证债权文书系公证制度和执行制度结合的产物，《征求意见稿》将公证债权文书审查要求安排在"第三章执行依据"，也就意味着：公证债权文书能够作为执行依据，必须要经过司法审查。

1. 公证债权文书的强制性需要约束

公证债权文书的强制性体现在其可直接跳过诉讼程序进入强制执行程序，凭借国家强制力兑现申请执行人享有的权利，具有准司法文书的效力，对当事双方的权利义务影响尤为巨大。[1] 而公证机构出具文书时，出于对当事人执行合意的理解以及核实事实效率的追求，往往牺牲当事人的部分程序权益。在这种情况下，极易出现权力滥用和虚假文书等情况。为保护公证双方的合法权利，防止公证机构权力恣意行使，规范公证债权文书的签发程序，执行机构有必要对申请执行的公证债权文书予以审查，通过裁定不予受理、不予执行、驳回执行申请等方式，否定违反法律强制性规定的公证债权文书的强制执行效力，实现司法审查约束、规制作用。[2]

---

[1] 参见段明：《论公证债权文书的司法审查——基于公证权和司法权的关系为视角》，载《湘潭大学学报（哲学社会科学版）》2021 年第 2 期。

[2] 《金融案件争议解决条款冲突问题研究》，载搜狐网，https://www.sohu.com/a/403520012_100004050，2020 年 6 月 22 日访问。

2. 公证债权文书的强制性需要补强

在没有司法审查前，公证债权文书仅是记载双方权利的凭证，与格式合同、借条等债权债务证明文件基本没有区别，但经司法审查确认后，其便具有国家强制力保证执行的属性，这就是公证债权文书强制性的补强，补强的过程也是公证债权文书作为执行依据具有强制性的效力来源。公证程序本质上是对双方意思表示一致的见证和背书，一旦出现新的事实或主体的变更，程序上缺少类似诉讼和仲裁中对立双方的程序设定，缺乏对抗性，双方难以就对方提出的主张提出有针对性的回复。另外，公证机构逐渐改制成事业单位或企业法人，[①] 没有类似公检法的调查权力，查明案件事实和当事人陈述仅能通过约谈、电话、询证函等方式进行核实，其记载的债权债务内容作为执行依据确实存在诸多先天不足，而通过司法审查补强是解决上述问题的最好途径。

3. 公证债权文书的强制性需要监督

公证债权文书需要司法审查的约束和补强是针对公证权运行和程序缺陷而言的，但司法审查的监督则是针对具体的公证债权文书，司法审查的监督作用就是确保申请执行的公证债权文书在程序上合法和实体上公正。《征求意见稿》列举了执行机构需要查明的程序违法和实体错误的情形，就是赋予了执行机构对公证债权文书程序和实体审查监督的权力。另外，《公证债权文书执行若干规定》第19条规定："人民法院认定执行公证债权文书违背公序良俗的，裁定不予执行。"该条要求执行机构在司法审查时，应依职权主动审查公证债权文书内容是否违背公序良俗，进一步丰富了司法审查的监督内容，使执行机构对公证债权文书的审查范围扩大至与普通民事案件审查范围一致，确立了真正意义上的全面审查原则。

[①] 参见段明：《论公证债权文书的司法审查——基于公证权和司法权的关系为视角》，载《湘潭大学学报（哲学社会科学版）》2021年第2期。

(二)"怎么审"——以全面审查为原则

1. 坚持程序和实体并行审查

全面审查原则的最重要体现就是要求执行机构对公证债权文书程序合法性和实体公正性进行并行审查。《征求意见稿》第 17 条第 1 款、第 2 款分别规定了程序性审查和实质性审查要求,将全面审查原则贯穿于公证债权文书审查的全过程。一是程序合法是申请执行的最低要求。程序合法是公证债权文书申请执行的最基本条件,是对被执行人及其财产采取强制措施的前提,所以程序审查时,应围绕公证债权文书、执行证书签发程序进行核实。此外,程序审查应把握审查界限,对于程序上的瑕疵可经过执行程序予以确认的,不能以程序违法为由,拒绝执行。二是实体公正是申请执行的客观需要。在整个公证程序中,债务人的抗辩权不能有效得到保障,债务人接受了执行承诺,并不意味着放弃了程序中所有的抗辩权。在没有双方核实的情况下,公证机构得出核查结论很难保障客观公正。而司法审查就是聚焦双方的事实争议,通过职权予以查明,确保实体公正。

2. 以被动审查为主,主动审查为辅

一是秉持"应执尽执"理念。从江苏法院受理公证债权文书申请执行数量来看,99.21%申请都裁定执行,只有在被执行人提出执行异议时,执行机构才就相关事实进行审查。一方面是执行程序效率价值的需要,要求双方聚焦争议焦点,没有争议以及无关事项不进行审查;另一方面是对公证债权文书本身的尊重,认可公证机构的权威。二是涉及公序良俗事项除外。执行机构应依职权主动审查相关内容,并对其作出结论。该原则是传统民法典基本原则之一,主要体现公权力对私权利可能滥用的约束,在司法实践中,法院对该事项享有较大的自由裁量权,[1] 个别案件可能扩大适用,因此要限缩解释为维护国家和社会公共利益时才可引

---

[1] 陈科先:《法律的不确定性与法治权威的重塑》,载《山东行政学院学报》2015 年第 4 期。

用，不能过度援引和滥用。①

3. 直接审查与间接审查相结合

民事诉讼法、《公证债权文书执行若干规定》《征求意见稿》均没有规定执行机构审查公证债权文书的手段和方式，这与民事强制程序注重效率兼顾公平的价值取向是一致的，② 也就是说，执行机构可以在法律允许的范围内采取最快、最便捷的查实方式。一是直接审查先行。执行机构可以通过询问、听证、书面审查的方式直接查明案件事实；也可以依职权主动向协助单位，如向银行、不动产登记机构、车管所等部门发送协助查询通知，获取证据材料。二是间接审查为补充。借鉴类似案件办理结论，对公证债权文书执行案件而言，该类案件事实简单，案情类似，且构成要素相似度较高，前案办理情况对正在执行的案件具有较高的参考价值，已查明的事实和情况甚至可以直接引用，避免了相同事实的重复查明，提高了办案效率。

(三)"审什么"——以到场参询和还款事实为审查重点

坚持全面审查原则的核心是做好程序和实体的并行审查，《征求意见稿》赋予了当事人程序错误和实体错误两种不同的救济途径，执行机构明确程序和实体的审查重点内容不仅是自身办案的需要，更是当事人选择何种救济方式的前提。结合裁定不予执行公证债权文书的案件统计来看，程序错误主要集中于被执行人未现场参加询证，实体错误主要集中于被执行人还款事实查明不清，到场参询和还款事实的查明成为决定程序合法性和实体公正性的关键。故而，上述两项事实是执行机构每案必审的重点内容。

1. 程序方面：以到场参询为审查重点

到场参询是指在公证程序中申请执行人与被执行人或其委托代理人亲自到场接受公证员关于债权债务事实的调查和询问，其成为程序审查

---

① 参见张卫平：《仲裁裁决的撤销事由的撤销及调整》，载《经贸法律评论》2018年第1期。
② 参见肖建国：《执行程序修订的价值与展望》，载《法律科学》2012年第6期。

的重点主要有三点原因。

（1）未到场参询是程序违法的主要情形。在42件不予执行案件中，涉及程序违法共26件，均以被执行人未到场参加公证为由裁定不予执行。一是公证机构程序要求不严。由于江苏公证案件量持续攀升，从2019年的835380件[①]增长至2021年的860742件[②]，案多人少矛盾较为突出，最后进入执行程序的案件较少，公证员在业绩考核和当事人的双重压力下，对债权债务简单、事实清楚的案件，以书面方式查明债权债务，直接签发公证文书的情况偶有发生；加之，公证程序其他环节刚性要求较强，出现违法情况的概率较低。故而，未到场询证签发公证文书成为主要违法情形。二是《公证债权文书执行若干规定》第12条、《征求意见稿》第17条第1款所列举的其他程序违法情形，更依赖于当事人提交具体、有效的证据。无论无民事行为能力人、限制民事行为能力人在没有监护人情形下办理公证；还是公证员为存在亲属关系、利害关系人办理公证等均需要当事人主动提交证据，启动审查。但司法实践中，多数当事人提供的程序违法证据仅能称为线索，没有客观实在的证据，更不能让承办法官对公证债权文书存在程序性违法产生合理怀疑，能够查实的案件更少，所以因其他程序违法事项而裁定不予执行的案件较少。

（2）到场参询与否可直接作为程序性审查结论。未到场参加询证是程序违法的主要情形，而其他程序违法情形较少。实际上，公证债权文书程序性审查就是对债务人是否到场参加询证的审查。一是核实结果作为程序审查结论，查明事实较为可靠。在司法实践中，坚持以约谈为主，书面审查为辅的原则。承办人根据申请执行人陈述情况，结合公证书、执行证书以及送达凭证等材料，查明案件事实。例如南京市秦淮区人民法院办理的（2021）苏0117执769号案件，中国某信托公司申请执行许某某借款合同纠纷一案，申请执行人主动陈述被执行人许某某未到场参

[①]《我省发布2019年度公证发展报告》，载江苏政府法制网，http://sft.jiangsu.gov.cn/art/2020/4/16/art_48513_9046713.html，2020年4月16日访问。

[②]《2021年12月份全省司法行政主要业务数据》，载江苏政府法制网，http://sft.jiangsu.gov.cn/art/2022/1/24/art_74362_10330336.html，2022年1月24日访问。

加询证的事实，执行人员发现执行申请缺少执行证书送达凭证等关键材料，由此申请执行人陈述与证据材料相互印证，可以认定被执行人未到场询证事实，故裁定不予执行。二是核实结果作为程序审查结论，当事人双方认可度较高。在约谈时，承办法官对相关法律问题进行释明，避免了因信息不对称而产生困惑和不解，申请执行人对案件裁判结果有了心理预判，被执行人的权利得到了保障，双方当事人对裁判结果较为认可，以到场参询作为程序性审查结论，基本没有异议或复议案件产生。

（3）查明被执行人到场情况可预判案件执行结果。一是公证程序是双方当事人意思自治得到法律认可的载体，现场核实双方债权债务关系及实际欠款情况是作出公证债权文书合法有效的前提，而执行证书则是被执行人承诺无法履行到期债务自愿接受强制执行的意志体现。现场参询是公证法第29条明确规定的公证程序必备条件，当场查明并出具的公证文书能增强双方对所负权利义务的心理确信，更能激发借款人到期主动履行债务的积极性。近三年来，以公证债权文书依据申请执行的案件，自动履行率远超一般执行案件和仲裁文书申请执行案件。可以说，程序合法的公证债权文书是足额受偿的保障。二是被执行人未实际到场参加询证，一方面剥夺了被执行人抗辩的权利，无法查明双方债权债务关系，另一方面违背了意思自治原则，动摇了公证债权文书的根基。被执行人在收到执行通知书和执行裁定时，会对法院执行和债权债务产生质疑，自动履行更无从谈起，被执行人或向执行法院提出异议，或通过诉讼程序解决纠纷，无论哪一种救济方式都会延长实现债权的时间，被执行人可供执行财产价值可能不断减损，最终债权大概率无法足额受偿。

2. 实体方面：以还款事实为审查重点

还款事实是指公证机构在出具执行证书前，债务人是否存在还款行为，其成为实体审查重点的主要原因有三点。

（1）还款事实是双方争论的主要焦点。一是公证程序对借款人的抗辩权保障不足。公证债权文书的签发以双方不存在债权债务上的实体纠纷为前提，债务人接受强制执行的承诺，不意味着放弃所有的抗辩权。

若公证处以询证函等书面方式核实违约情况，债务人能够主动行使抗辩权的途径、机会更少，抗辩权行使得不到保障是围绕还款事实争论的主要原因。① 二是债权人不提供债务人还款情况。执行证书是债权人申请执行的必备材料。就签发顺序来讲，公证债权文书出具在前，执行证书签发在后，债务人还款事实查明主要依赖于债权人提供相关证据，加之，公证机构受核查手段的限制和债务人抗辩权无法有效行使等原因，债权人为提高申请执行金额，不愿提供还款事实相关材料，进而产生执行证书记载的债权金额与实际情况不符的情况，导致在执行阶段双方发生争议。

（2）案件事实易于查明。同一申请执行人不同案件的债权债务发生事实基本相同。一是案件过程易于查实。从近三年案件来看，申请执行人以借贷为主业的公司约占70%，该类公司为保障债权实现和提高放款速度，均形成了固定化、流水线式的操作模式。从提出贷款申请，到提供不动产证明或履约保证金，再到设立抵押登记，都有成熟的格式文本和对口办理机构，借贷模式基本固化。例如，长安某公司申请执行华某某合同贷款纠纷和其申请执行任某某合同纠纷两案，长安某公司向两被执行人各出借93万元，并要求向案外人支付13万元作为履约保证金，实用金额均为80万元，公证机构均为南京某公证处，同一申请执行人债权债务发生事实高度类似、脉络清晰，案件查明较为简单。二是异议理由易于核实。因借贷模式固化、案件经过基本相同，出现争议的矛盾焦点基本一致。再如，在上述两案中，两被执行人提出异议，均称已向申请执行人支付部分利息，但公证债权文书未查明还款事实，执行证书载明债权金额与实际欠款金额不符，当事人提交转账凭证和银行流水予以证明。而银行流水等证据材料本身可信度较高并易核实，故当事人的异议核实较为容易。

（3）核查方式灵活。一是查明形式多样。司法实践中，主要采取书

---

① 参见饶群：《法院对不予执行公证债权文书申请的审查》，载《人民司法》2017年第23期。

面审查、约谈和协助三种方式。书面审查是最常用，也是最高效的核实方式，执行机构可就被执行人提供的还款证据材料（如银行流水、转账凭证等材料）进行审查；也可在执行立案后，约谈双方当事人，就还款事实直接询问；如果前两种方式均无法查明，执行机构还可依职权向协助单位，如银行、不动产登记机构等部门调取涉案证据材料，综合案情得出还款事实。二是利用类案检索。根据公证法第37条之内容，公证机构只能赋予以给付为内容的债权文书申请执行的效力，所以公证债权文书所确认的基础法律关系多数为债权债务关系，[1] 加之，发生债权的事实基本相同，类案检索在司法审查方面能够发挥重大作用，尤其是在被执行人下落不明，证据收集较为困难时，利用类案已查实的事实和证据材料，可以快速查明案情。

四、结语

设立赋予强制执行效力公证债权文书制度的目的是通过确认双方权利义务关系，在债务人不履行到期债务的情况下，债权人可直接申请强制执行，进一步减轻诉讼压力，提升权利兑现效率。而公证债权文书的审查是该制度顺利发挥功能的重要保障，也是司法权对公证权的监督和制约。经过实践不断摸索，《征求意见稿》明确以全面审查原则为根本，以重点审查到场参询和还款事实为两翼的"一体两翼"公证债权文书审查新路径，在债权人权利及时兑现的同时，进一步提升公证债权文书申请执行案件的办理质效。

---

[1] 参见张延欢：《民事执行救济制度研究》，大连海事大学2009年硕士学位论文。

没收财产刑执行中到期债权实现路径研究

——以到期涉黑放贷债权为例

叶聿僚*

没收财产刑包括没收部分财产和没收个人全部财产。在没收个人全部财产刑执行中，截至刑事裁判生效前的所有财产都在没收范围之内，不仅包括动产、不动产、有价证券等，还应当包括财产性利益，如债权等。然而在司法实践中，以"放贷型"涉黑案为例，被判处没收的到期放贷债权却常常因为多重因素陷入执行不能的僵局，使得解决实现到期涉黑放贷债权的障碍成为必要且迫切的任务。

一、现实困境——实现到期涉黑债权被拖入执行僵局

根据法律规定，刑事审判部门应当在刑事判决生效后主动将财产刑移送立案执行。但以至今仍未执结的经福建省三明市中级人民法院二审生效判决的陈某观等人涉黑案〔（2019）闽04刑终14号〕为例，一审、二审法院均判决并处没收黑社会性质组织、领导者陈某观、连某萃个人全部财产。该案财产刑执行过程中，执行法院根据《最高人民法院关于人民法院执行工作若干问题的规定（试行）》（以下简称《执行规定》）第61条、第63条、第65条的规定，对30名债务人发出履行到期债务通知书。该案立案执行已两年有余，时至今日仍有16名债务人因无法直接送达履行到期债务通知书而无法对其强制执行，直接送达的14名债务人

---

* 福建省高级人民法院执行局二级法官助理。

中有 10 名债务人提出了债务异议、未提出异议的债务人仅有 3 名主动全额履行，另 1 名债务人请求分期偿还，如图 1 所示。

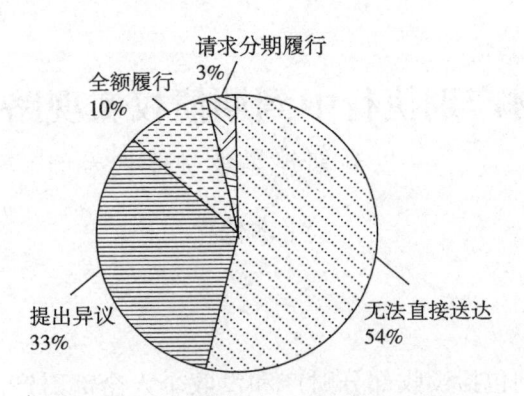

图 1　发出执行通知后各类债务人占比情况

（无法直接送达 54%，提出异议 33%，全额履行 10%，请求分期履行 3%）

根据《执行规定》的有关规定：履行到期债务通知书应当直接送达次债务人，并听取其意见；次债务人提出债务异议的，人民法院不得强制执行次债务人，且对异议不作审查。故无论是无法直接向次债务人送达履行到期债务通知书还是次债务人在指定期限内提出何种异议，均将触发执行程序的终止，致使实现该部分债务的工作陷入僵局，造成没收财产刑执行不能的窘境。

二、僵局实质——关系模型建构错误和债务人行使抗辩权

（一）关系建构有误

（2019）闽 04 刑终 14 号涉黑案财产刑执行探索陷入执行僵局的根本原因系把通过司法判决强制受让涉黑组织及个人债权的权利主体即债权人（国家）与偿还本息的义务主体之间的关系即借款人的关系错误地建构为"债权人（国家）—债务人（被判处没收财产的涉黑组织及个人）—次债务人（借款人）"。出现该错误的原因二：其一，该关系的建构者把被判处没收财产刑的涉黑组织及个人作为民事法律关系的债务

人来看待。实质上，被判决没收全部财产的涉黑组织及个人不是民事法律关系中的债务人，而是被人民法院刑事判决强制没收财产的主体，其与国家的关系也并非"债权人—债务人"的关系。其二，该关系建构者未透过现象看本质。涉黑组织及个人的到期涉黑放贷债权被人民法院判决没收后，债权遂通过司法判决的形式发生了强制让渡，向债务人主张债权的主体从涉黑组织及个人强制变更为国家，作为原债权人的涉黑组织及个人不再享有债的任何权益，国家概括继承了其债权的完整性权利，包括请求权、选择权、解除权、终止权等权能。该涉黑债权即属国有资产。通过司法判决强制划转的债权在实质上仍是民事债权的完整转让，仅是转让的意愿为主动还是被动、手段为强制还是自愿的区别。债权经刑事司法判决强制划转后的债权债务主体系"债权人（国家）—债务人（借款人）"的二元关系，而不是"债权人（国家）—债务人（被判处没收财产的涉黑组织及个人）—次债务人（借款人）"的多元关系，不能适用《执行规定》中执行次债务人的有关规定，而应当在普通民间借贷的框架内解决纠纷。

（二）债务人抗辩权的行使触发执行僵局

国家通过司法判决强制划转而取得的债权应当是概括继承的债权。债务人基于原借贷合同对让与人享有的抗辩权，对受让的债权人依然完整地享有。债务人的抗辩权是债务人固有的一项权利，既不会随债权的转让而灭失，也不会因受让主体系国家而有所减损。国家与债务人的关系本质上仍是平权主体之间的民事法律关系，国家作为债权的继受者，其主张债的权利基础仍是原债权债务关系。故债务人仍可以向国家这一新债权人行使如债权已履行完毕、债权无效、诉讼时效已过的抗辩权。债务人依法享有各项抗辩权是纠纷产生的主要原因。债权债务纠纷的产生必然触发执行僵局的形成。

三、困境之源——行之有效的国家债权债务纠纷解决机制尚未建立

债权债务纠纷的终局解决是国家债权实现的基础。因此，各地把解决涉黑债权没收问题的路径的重心放在解决债权债务纠纷上，但现有的解纷路径有的未注意到国家这一特殊主体，未解决国有资产流失和诉讼主体不适格问题，有的又过于注重国家的特殊身份而忽略了实质上仍是平权民事主体的债权债务纠纷进而出现以效率侵犯私权利主体利益的问题。

（一）司法部门履职不到位引发国有资产流失风险

因债权通过司法判决形式强制转让给国家，作为原债权人的涉黑组织及个人据此彻底丧失债权利益。但侦查机关往往存在偏重对定罪、量刑等与刑事判决结果直接相关的证据的调查取证，而对债权债务有关证据的调查取证不够全面等问题；检察机关、人民法院亦分别存在涉黑财物审查起诉把关不严、法律监督职责履职不够到位和对财产处置工作不详尽、不明确等问题。债权债务存消的亲历者也是完整证据持有人之一的涉黑组织或个人因丧失债权利益而缺乏主动向国家提供有关证据的积极性，这就导致无论是非诉途径实现债权还是诉讼渠道解决债权债务纠纷，都有可能因取证不全而造成国有资产流失的极大风险。

（二）非诉解纷机制监督缺位、缺乏激励机制

河南省信阳市公安局在侦破孙某强等人涉黑案中，从诉源治理的角度出发，在其官方网站对孙某强涉黑组织及其成员的债权债务进行了公示，为纠纷的协商解决提供了基础。该做法在确认债权债务关系及其数额上具有简便、高效的优势，但也仅能解决无争议的债务，对债务纠纷仍是无法解决。第一，在国库不具有法人资格的前提下，未能解决债务人异议采纳与否的决定权归属；第二，未能建立有效监督机制以保证国

有资产不被私授、违法让渡；第三，未能建立有效激励机制，以激发债务人放弃滥用执行异议权并主动履行债务的积极性。

(三) 非民事解纷诉讼程序无法完成纠纷解决之使命

非民事解纷诉讼程序是指以民事诉讼之外的其他诉讼程序解决债权债务纠纷。当前主要的做法有以下几种。

1. 通过刑事诉讼程序一并审查裁判

河南省某市法院通过通知所有到期涉黑放贷债权的债务人、第三人等参与到涉黑案件的审判中，并在涉黑刑事案件中一并审理裁判。笔者认为，该做法是不可取的。首先，没收财产刑并非违法所得或其他赃款赃物的认定，所有判决生效前的财产无论非法与否，均在没收财产刑执行的范畴内。对于庭审后新增财产或在裁判生效后发现还有其他应当没收的债权，亦无法在该程序中审查裁判。其次，该做法将大量债权债务纠纷掺杂在刑事案件的审理中，把原本就冗长的法庭调查、法庭辩论程序等无限拉长，严重影响刑事案件的审判效率。再次，"受程序结果影响的人应当有权富有意义地参与该程序，这不仅是程序本身公正的基本要素，也是程序结果公正的保障。"[1] 作为案外人的债务人对刑事判决中对债权债务关系或债务数额的认定不具有上诉的权利，变相剥夺了债务人对民间借贷纠纷的上诉权。最后，刑事诉讼中一并审查裁判过分依赖公安机关的取证范围，无法形成有效的证据对抗，不利于查明事实。

2. 通过案外人异议、复议程序解决

通过债务人提起执行异议之诉同时赋予法院执行部门事实审查权以解决到期涉黑债权争端，因其高效解决纠纷，快速实现国家债权而成为呼声较高的解决方式。但从现行司法解释规定来看，执行异议之诉审查权已被《执行规定》明确否定，而是认为应当通过异议、复议程序处理。[2] 笔者认为，该司法解释以执行异议之诉缺乏另一方当事人、现行诉

---

[1] 吴光升:《刑事涉案财物处理程序的正当化》，载《法律适用》2007年第10期。
[2] 《最高人民法院关于刑事裁判涉财产部分执行的若干规定》（法释〔2014〕13号）第14条。

讼制度存在障碍为由,违背了实体问题应当通过诉讼程序解决的诉讼原则,将实体问题通过异议、复议等审查程序处理,严重侵犯债务人剥夺或限制了债务人的举证质证权、法庭辩论权、上诉权、申请抗诉权等诉讼权利。存在着将实现债权的效率放在首位,而忽略了对债务人的诉权的完整性保障的问题,引发结果主义置于程序正义之上的非法治化解纷路径的质疑。

(四)民事诉讼解纷程序原告主体争议

民事诉讼渠道解决涉黑到期债权争端不仅具有纷争解决终局性、彻底性的优势,同时还有利于充分保障各方的诉讼权利。债权人、债务人作为平等主体在同一公开、阳光解纷机制下穷尽诉讼程序解决纠纷,也有利于纠纷的彻底消饵,减少因程序权益保障不完整引发的处置结果公正的质疑,是最公平也是最有效的争端解决方式。根据法律规定[①]:判决没收的财产应当上缴国库。向人民法院提起债权请求权诉讼的权利必然归属国家,而国家在司法领域是以国库的身份出现,故债权请求权由国库享有。但根据《中华人民共和国国家金库条例》(以下简称《金库条例》)和预算法等规定及我国国库的组织架构,国库不是独立的法人,没有组织机构代码,不具有诉讼主体资格,故不是适格的原告。出现了"有权利者无原告资格"的尴尬局面。

四、破解之道——到期涉黑放贷债权纠纷解决机制的重构

(一)实务操作层面

1. 基础保障——司法机关依法正确履职

侦查机关穷尽侦查手段全面、准确收集涉黑放贷债权证据,检察机关应依法履行法律监督职责,以减少国有资产流失风险,保障各方当事

---

① 刑法第64条、《最高人民法院关于适用〈中华人民共和国刑事诉讼法〉的解释》第445条等规定。

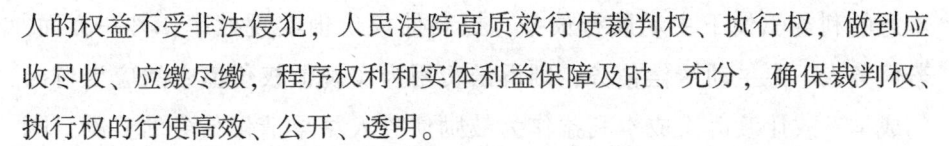

人的权益不受非法侵犯，人民法院高质效行使裁判权、执行权，做到应收尽收、应缴尽缴，程序权利和实体利益保障及时、充分，确保裁判权、执行权的行使高效、公开、透明。

2. 前置程序——构建高质效的非诉纠纷解决机制

非诉纠纷解决机制具有低成本、高质效的特点，应当明确告知债务人通过非诉纠纷解决机制可享有的实体和程序利益，使之成为解决涉黑债权债务纠纷前置程序，甚至可以将适用范围扩大到未到期的涉黑债权债务之中。在确定债权债务数额的前提下，鼓励各方当事人通过非诉渠道解决纠纷。同时建立监督机制和激励机制。监督机制主要由检察机关实行全过程法律监督，以限制执行部门恣意确认债权数额的权力，最大程度避免国有债权价值被人为贬损的可能性，提高非诉解纷机制质效。而激励机制的建立可以激发债务人放弃滥用异议权和履行债务的自愿性和主动性。

（1）启动前提——债权异议公示制度。执行法院要抛弃认定债务数额唯借条论的错误看法，执行法院应当审查并结合侦查机关取证成果，初步确认不具有终局性效力的债权数额，报同级人民检察院和人民银行省级分行出具意见。经同意后，借鉴英美法系"犯罪工具产权异议公示制度"，由执行法院开列债权债务关系及其债务数额清单，加盖法院、检察院、人民银行省级分行的公章，在主流媒体或政府网站上公示或直接送达债务确认书，给债务人自动履行的选择权，或引导有异议债务人进入非诉解纷程序或通过民事诉讼解决纠纷。

（2）多元路径——激励与宽限并举。一是诉讼成本奖励制度。即在当事人自愿协商解决且愿意当即付清的前提下，国家可以让渡诉讼成本利益给债务人，即一次性偿还的本息金额=没有异议的债务金额-（诉讼费+案件代理费+执行费等诉讼成本）。该制度不仅能在不造成国有资产价值减损的前提下提高债权实现效率，而且债务人可获得及时清偿的奖赏利益，法院也得以减轻诉讼和执行压力，是为多赢之举。于国家而言：一方面，让渡部分利益的奖励政策可以激励部分债务人在减少偿还部分本息的利益驱使下主动履行债务，提高债权价值实现效率；另一方面，若债务人不愿主动清偿债务，则诉讼费用为实现债权价值必然应当付出的成本，故让渡诉讼成本利益作为鼓励债务人尽早清偿债务的奖励，既没有增加国家的负担也没有减损其财产。于债务人而言：其具有选择是否认可公示的债务金额以及是否同意接受通过诉讼成本奖励制度的充分自由。既不减损权利又可以获得实质的好处。

二是"分期还款+司法确认"制度。"分期还款+司法确认"是在双方当事人实体或程序权益均未减损的前提下，赋予债务人在当即还清和冗长诉讼程序之间增加了一个选择权，既为其争取了更加宽裕的还款时间，又在一定程度上减少了讼累，国家也可以因此减少实现债权的成本，提高实现效率，实现多赢。根据《金库条例》第3条的规定，中国人民银行具体经理国库，组织管理国库工作是其重要职责。根据财经制度有关规定，省级以下人民法院罚没收入入缴省级国库。在债务人同意公示债务数额的前提下，债务人无法一次性清偿债务的，在不减少债务数额的前提下，还可赋予其与国库经理人——人民银行及其授权的组织或个人平等协商并达成分期偿还债务的协议的权利。但在达成协议前应当告知债务人该还款协议将提交人民法院作司法确认。该协议应提交人民法院和人民检察院审查备案，人民法院经审查不违反法律规定的，同时作出确认决定书。若债务人未按还款协议履行还款义务的，人民银行省级分行可直接依照人民法院确认决定书确认的债务金额向人民法院申请强制执行。鉴于国家仍有可能须申请法院按照确认决议书的内容对债务人强制执行，诉讼或执行的成本仍有可能产生，故分期还款的债务人不享有诉讼成本奖励。

3. 普适程序——构建行之有效的多元民事诉讼解纷机制

已经由刑事生效判决并且进入执行程序案件，再经由民事诉讼程序判决确认，看似不可思议，实则并不冲突。一方面，刑事裁判中仅判决"没收××个人全部财产"。做个比喻，这样判决就像是用手指着一座山并宣告，这座山的一切财物归国家所有。至于这座山的财物具体有哪些，要求没收的部门并未明确，山中的财产权属如何、是否存在纠纷争议以及争议纠纷如何解决等，刑事审判部门亦未作审查确认。亦即，拟没收财产的争议纠纷尚未经司法裁决。若既由执行部门在执行过程中根据财产调查状况审查认定予以没收的财产，又终局裁决该财产的纠纷，执行部门包揽了拟没收财产的审判、执行的全部工作，有"既当裁判员又当运动员"嫌疑，且所有问题均在执行程序中解决也有违"实体问题应当审判程序解决"的诉讼原则。因此，有必要将刑事审判尚未解决的纠纷交由民事诉讼渠道加以裁决。且民事诉讼不仅可以丰富送达手段，有效解决只能通过直接送达履行到期债务通知书才能执行债务人的问题，还可以解决因债务人提出异议致使执行程序陷入僵局的问题。既是解决债权债务纠纷存在不确定性的有效手段，也是通过完整性保障债务人诉讼权益的形式公开、透明地彻底性、终局性解决债权债务纠纷以实现到期涉黑放贷债权的最佳手段，是为最普适的程序。

（1）异议债务人提起反向确认之诉。对于债务人提出债权债务自始不存在或债已清偿、债权债务关系归于消灭的异议的，同时赋予债务人主动向人民法院提起确认债权债务不存在或债权债务关系已归于消灭的诉讼的权利。这既可以让当事人取得程序启动的主动权，在诉讼程序时间选择上更主动和便利，避免被动卷入民事诉讼或在被动的时间疲于应付各种烦琐程序；同时国家还得以因债务人主动提起诉讼而获得诉讼费用等成本的减少。

（2）人民银行省级分行代行提起民事诉讼制度。民事诉讼解决纠纷机制建立的前提是要解决债权人的诉讼主体资格问题。财政部门仅有国库财物的支配权，亦即依法使用的权限，其不享有国库财物完整的所有权，亦不具有对债权的处分权，无权变更或放弃诉讼请求，故其不具有国库债权的请求权。国库虽不具有法人资格，但因省级以下人民法院罚没收入入缴省级国库，根据《金库条例》和预算法的有关规定：人民银行省级分行具有经理、组织管理国库省级分库的法定职责且其具有法人地位，在法律和国库组织架构没有更改之前，由人民银行省级分行代行作为债权人的国库省级分库权利,依据民事诉讼法的有关规定提起民事诉讼具有合法性、合理性和可操作性。但要高效执行仍须从以下两个方面加以完善。一是建立债务人异议报告制度。执行法院应当在十五日内将在执行过程中收到的债务人的异议,层报人民银行省级分行,并附上债权债务的有关证据和异议材料,以便于人民银行省级分行及时掌握情况,及时提起诉讼。二是建立特别授权委托制度。为避免出现因辖区没收财产刑案件过多而无法及时、全面起诉,人民银行省级分行应当联合同级法院、检察院、公安机关、司法行政部门等,出台相应文件,建立委托诉讼代理人库。既可以授权执行财产刑的人民法院对应层级的人民银行作为诉讼代理人提起相应诉讼,也可以委托其他行政机关如司法行政部门作为诉讼代理人起诉。但最优选择应当是整合全省公职律师资源,统一委托公职律师对其辖区内的相关案件作为诉讼代理人提起诉讼,以最少的开支最大限度保障国家的债权利益。

(二) 立法建议层面

1. 赋予国库的法人地位

到期涉黑债权争端本质上仍是平等民事主体之间的私债纠纷,国库作为唯一合法债权人,却因不具有法人地位致使其因不具有诉讼主体资格而导致国家参与民事诉讼活动没有落脚点,其民事权益得不到保障。有鉴于此,"龙卫球教授曾在其主持的民法典通则草案建议稿第95条中提出'国库依法具有法人地位'"[1]。虽然该建议没有被采纳,但无论从域外经验还是长远来看,应当是一个趋势。如德国民事诉讼法第4条规定"对于民事上的争议,依据其客体或者请求权的方式适用民事管辖权的,不得因为当事人一方是国库、乡镇或者其他的公法实体而被排除民事管辖"[2]。该规定从立法层面直接确立了国库的私法主体身份,对于公法与私法区分问题,主流观点是采用"修正的主体理论",即公权力持有

---

[1] 转引自袁成杰:《民法典制定中的国家与国库问题研究》,载《中国法学》2017年第3期。
[2] 转引自袁成杰:《民法典制定中的国家与国库问题研究》,载《中国法学》2017年第3期。

者以公权力持有者的身份享有权利、承担义务的即为公法规范；以私法形式履行公法职能或者主动或被动地遁入私法领域，享有私法权利的同时应当承担私法责任义务，不享有管辖豁免。这在《联合国国家及其财产管辖豁免公约》中对国家及其财产豁免的例外情形规定中亦可以得到印证。国家在从事主权行为外，还时常遁入私法领域参与民事活动，根据权利义务一致性原则，赋予国库的法人地位还为其民事活动提供了权利保障基础。这不仅可以解决没收财产刑中的争端问题，还可以解决国库对埋藏物、遗失物和国家在处理土地、河流等国有资源权利纠纷中的诉讼主体问题。诉讼主体问题的解决，不仅让没收财产刑执行有关纠纷增加了通过民事诉讼解决的可能性。更重要的是，它还解决了刑事财产刑执行过程中的案外人、当事人执行异议之诉的被告（代表）问题，解决了刑事、民事"两张皮"的问题，让实体问题通过审判程序解决的诉讼原则得以全面贯彻，最高人民法院有关刑事财产刑执行中不适宜的规定就有了修订的基础，必将极大地提高没收财产刑执行效率。

2. 赋予检察机关代表国家参加诉讼的主体地位

司法机关除法律明确赋予职责外，不得接受立法机关之外的其他组织或个人的委托、授权而作为代理人参与民事诉讼，以防止作为公民权利救济的最后一道防线的司法机关沦为强权的个人或组织实现私利的工具。但检察机关具有在刑事诉讼中代表国家提起公诉、法律监督权和调查取证权、队伍法律素质高等得天独厚的优势，赋予检察机关代表国家参加没收财产刑执行过程中有关纠纷的诉讼主体地位，对财产刑的高效执行有着不可替代的作用。一是因检察机关在刑事诉讼中代表国家提起公诉，对没收财产刑案件的案情更加了解，有助于其在刑事诉讼程序中要求、指导侦查机关穷尽侦查手段全面客观收集有关没收财产刑的权属、争议等证据，为刑事裁判和执行程序中的执行异议之诉或民事诉讼程序等提供扎实的证据基础。二是检察机关队伍法律素质整体较高，专业性强，无论从调查取证、证据分析认定还是法律适用等均有明显的优势，且其有一支队伍长期从事公益诉讼，积累了相当丰富的民事诉讼经验，有助于其在参与非诉渠道实现债权的渠道中开展会商并作出高效合法的决策。三是检察机关具有法律监督权，赋予其诉讼主体地位有助于其更好发挥对没收财产刑的证据收集、审判程序、执行程序等进行全诉讼流程、全关键节点进行无死角监督职能，在亲历参与中更有针对性地敦促、监督各部门切实正确履职，积极推进没收财产刑执行的合法、高效执行。应当注意的是，没收财产刑中的债，本质上仍是平等民事主体的私债，不会因为一方是国家而天然具有公益性质，故其应当是代表诉讼，而不是公益诉讼，应当严格遵照民事诉讼法的有关规定进行，不应享有诉讼便利或诉讼特权。

五、结语

重构后的到期涉黑放贷债权纠纷解决机制，不仅立足现有法律，以司法机关应当正确履职形成工作合力为前提，创新性地提出以"诉讼成本奖励制度"和"分期还款+司法确认制度"为前置程序的诉前解纷机制，以债务人提起反向确认之诉和人民银行省级分行代行提起民事诉讼的解纷普适程序；还超越司法实践，从立法层面提出赋予国库法人地位、赋予检察机关代表国家参加诉讼的主体地位，以有效实现国家资产价值的建议。重构后的到期涉黑放贷债权纠纷解决机制，在充分保障债务人的实体和程序权益的基础上，破解了以"债权人—债务人—次债务人"基础三元关系导致的无法直接送达履行债务通知书和债务人提出异议而造成实现到期涉黑放贷债权的执行僵局，以"债务人—债权人"二元关系为基础，实现没收财产刑执行程序的闭环。

执行中恶意变更法定代表人
现象的应对与规制
——基于 P 法院 150 份涉企案件的实证分析

张滨滨[*] 朱梓郡[**]

　　在现有制度下，即使公司成为被执行人，法律亦未明文限制其变更法定代表人，特别是在执行立案前，变更法定代表人一般被认为是正常的民事行权行为，此权一旦被滥用，极有可能沦为逃废债的工具。本文基于司法实务中的不同处理思路和 P 法院的 150 份涉企案件样本，反思了变更乱象产生的根源所在，展开了健全防范打击机制的可行性探讨，以期有效应对被执行公司通过变更法定代表人规避执行现象，推动涉企执行案件顺利办理。

　　执行实践中，经常出现涉案企业变更法定代表人的情况，即原法定代表人通过股东决议、工商变更等方式，在外表和形式上脱离涉案公司的经营、管理和控制，以期达到逃避债务、规避执行的目的。受制于民事强制执行法立法缺位、反规避执行制度缺失、裁判与执行衔接缺口等因素叠加影响，执行工作实践中对被执行公司恶意变更法定代表人的应对方式不一、打击力度不大、惩治效果不好，一些被执行公司滥用变更

---

[*] 江苏省徐州市中级人民法院研究室法官助理。
[**] 江苏省邳州市人民法院执行局法官助理。

权利,衍变为"僵尸企业""老赖公司",侵害了胜诉当事人的合法权益,影响了法律权威和司法公信力。这一行为虽然令人痛恶,但相关法律规定和制度设计,缺乏对变更法定代表人规避执行的细致关注,理论层面也少见相关业务探讨和学理研究,亟须深化调研、妥善应对、依法防范。

一、困境与羁绊:以变更方式规避执行的现状性调查

规避执行是指在人民法院审理、执行活动中,被执行人为了维护自身的经济利益或其他利益,以合法形式掩盖非法目的,故意避开法律的强制性规定或者利用法律的漏洞,采取不当的手段恶意转移财产或者其它财产性权益,逃避执行生效法律文书所确定的义务的行为。① 本文所述的规避行为,主要是指被执行公司通过变更法定代表人的方式,逃避拘传、拘留、限制出入境、限制高消费等本应适用于法定代表人的强制执行措施,致使公司实际控制人、主要负责人、影响债务履行的直接责任人游离于强制执行措施以外,导致涉企案件执行陷入僵局。

(一)适用于涉诉"法定代表人"的执行措施

2016年3月,最高人民法院提出"用两到三年时间基本解决执行难问题",在全国法院开展"基本解决执行难"攻坚战,强制执行的工作力度不断加大、惩戒措施不断丰富。综合来看,目前对于公司法定代表人的执行措施主要包括4类8种,见表1。

---

① 参见唐荣刚:《以去除特定身份方式规避法院执行的认定与把握》,载《人民司法·案例》2013年第24期。

表1 适用于法定代表人的强制执行措施

措施	法律依据	具体内容
限制高消费	《最高人民法院关于限制被执行人高消费及有关消费的若干规定》第3条第2款	被执行人为单位的，被限制高消费后，禁止被执行人及其法定代表人、主要负责人、影响债务履行的直接责任人员、实际控制人以单位财产实施本条第1款规定的行为
失信信息公布	《最高人民法院关于公布失信被执行人名单信息的若干规定》第6条第1项	记载和公布的失信被执行人名单信息应当包括：作为被执行人的法人或者其他组织的名称、统一社会信用代码（或组织机构代码）、法定代表人或者负责人姓名
限制出境	出境入境管理法第12条第3项	公民有未了结的民事案件，人民法院决定不准出境的，不准出境
传唤、拘传	《最高人民法院关于适用〈中华人民共和国民事诉讼法〉的解释》（以下简称《民事诉讼法解释》）第482条	对必须接受调查询问的被执行人、被执行人的法定代表人、负责人或者实际控制人，经两次传票传唤，无正当理由拒不到场的，人民法院可以拘传其到场
拘留、罚款	民事诉讼法第114条、第118条	拒不履行人民法院已经发生法律效力的判决、裁定的，人民法院可以对其主要负责人或者直接责任人员予以罚款、拘留。对个人的罚款金额，为人民币十万元以下；拘留的期限，为十五日以下
拒执罪	刑法第313条	对人民法院的判决、裁定有能力执行而拒不执行，情节严重的，处三年以下有期徒刑、拘役或者罚金；情节特别严重的，处三年以上七年以下有期徒刑，并处罚金。单位犯前款罪的，对单位判处罚金，并对其直接负责的主管人员和其他直接责任人员，依照前款的规定处罚

一是信用惩戒类：主要包括对法定代表人的限制高消费，公布被执行公司失信信息时一并公布该公司的法定代表人情况。

二是金钱罚没类：对拒不履行人民法院已经发生法律效力的判决、裁定的单位主要负责人或者直接责任人员处以人民币10万元以下罚款。

三是人身限制类：包括限制出境以及传唤、拘传、拘留等司法强制措施，其中限制出境的，由人民法院作出决定书，交出入境管理部门实施；拘传是对被执行公司的法定代表人强制到案接受询问，调查询问的时间一般不超过八小时，情节严重、可能采取拘留措施的，最长不超过二十四小时；拘留是对拒不履行义务的公司主要负责人或者直接责任人员予以十五日以下拘留。

四是刑事制裁类：被执行公司对人民法院的判决、裁定有能力执行而拒不执行，情节严重，涉嫌触犯拒不执行判决、裁定罪的，对被执行公司判处罚金，并对其直接负责的主管人员和其他直接责任人员判处刑罚。

（二）通过"变更方式"规避执行的相关案例

案例一：变更法定代表人，停产停业执行不能

徐州某电源有限公司是一家生产、销售蓄电池、蓄电池极板的企业。2018年11月，该公司职工张某在工作中发生工伤事故，经鉴定构成八级伤残。因公司未办理工伤保险，纠纷诉至法院。2020年3月，P法院判决徐州某电源有限公司赔偿张某医疗费、护理费、一次性伤残就业补助金、一次性工伤医疗补助金、停工留薪期工资等合计208325.7元，并解除当事人之间的劳动关系，终止双方的工伤保险关系。

事故发生后，涉案的徐州某电源公司于2019年8月将法定代表人由创始人徐某变更为周某友，公司性质由有限责任公司调整为自然人独资企业。案件进入执行程序后，执行法院调查发现该公司除涉及与张某的工伤保险纠纷案外，还有经济补偿金、工伤保险、劳动争议、定作合同、买卖合同等纠纷13件，新变更的法定代表人周某友系外省户籍人员，

1954年出生，时年65岁，涉案的徐州某电源有限公司厂房土地系租用，已经停产停业，暂无无财产可供执行。

案例二：变更法定代表人，新设公司继续经营

2017年11月，徐州某博网络科技有限公司的员工吴某，在驾车外出拜访客户途中与同向行驶的前车相撞，造成前车驾驶员周某强、乘员孟某刚、高某丽当场死亡、乘员吴某雨受伤的"三死一伤"交通事故。经交警部门认定，某博网络科技有限公司员工吴某负事故全部责任。案件成诉后，法院经审理认为，吴某在执行工作任务过程中造成他人损害，故交强险外的剩余损失应当由用人单位承担赔偿责任。2018年9月，P法院判决徐州某博网络科技有限公司赔偿周某强亲属884282元、孟某刚亲属1254804元、高某丽亲属1180026元、吴某雨438216.87元，合计3757328.87元。

判决后、执行前，2018年10月，徐州某博网络科技有限公司更名为徐州某达信息科技有限公司，法定代表人由王某顶变更为汪某飞，汪某飞1994年5月生，时年24岁，系徐州某博网络科技有限公司的员工。2017年12月，徐州某博网络科技有限公司的原法定代表人王某顶，注册成立江苏某博计算机科技有限公司，经营场所、经营范围均与原来的徐州某博网络科技有限公司相同。

（三）实务中"变更法定代表人"的数据分析

随着经济社会的快速发展，近年来P法院受理涉企执行案件数量呈逐年上升趋势，2019年受理执行案件4328件，其中被执行人为公司的593件，2020年分别为4370件和788件，2021年分别为5966件和771件（以上均统计首执案件数），排除疫情对立案的影响，涉企案件数量增长势头明显。随机抽取该院2019年以来受理的150件涉企案件为调研样本，被执行公司变更法定代表人的有36件，其中诉讼前变更法定代表人的有16件，占比44.44%；诉讼过程中变更法定代表人的有9件，占比25%；结案后、执行前变更法定代表人的有5件，占比13.89%，执行过程中变更法定代表人的有4件，占比11.11%；终结本次执行程序后变更法定代表人的有2件，占比5.56%。被执行公司变更法定代表人的主要时间节点集中在诉前和诉中，其中诉讼开始前的居多，见图1。

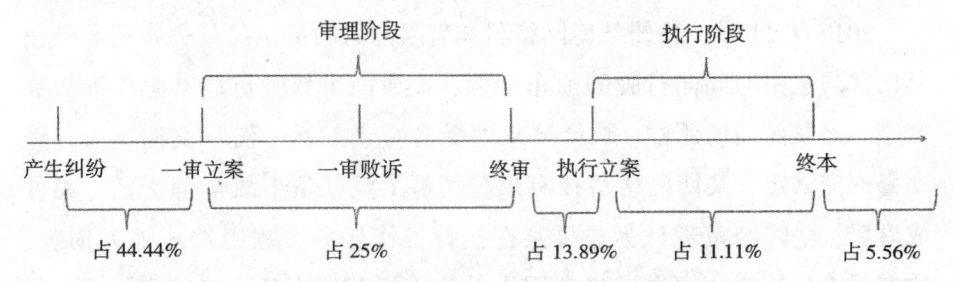

图1 被执行公司变更法定代表人的时间节点统计

上述变更法定代表人的案件中，新任法定代表人在60岁以上的12件，户籍异地的7件，高中以下文化程度的21件。变更后的法定代表人凸显出老龄化、异地化、低学历化等特点，给涉企案件的执行造成极大不便。此外，相关公司在变更法定代表人的同时，多伴随着剥离优质资产，将核心业务、经济效益转移到后续设立的公司或其他企业，原法定代表人在新公司继续从事经营管理，造成被执行公司成为吊销未注销、歇业未清算的"僵尸企业""空壳公司"，规避执行、逃避债务的意图十分明显。

二、揭示与查摆：应对变更法定代表人的实践性分歧

公司作为拟制主体，其行为需要通过自然人表现于外。① 法定代表人作为公司经营的主要负责人，对公司的经营状况、盈亏情况、清偿能力最为了解，通常对公司生产经营具有直接的掌控力和执行力，加之我国部分企业特别是中小微企业的现代企业制度并不健全，公司与法定代表人在主观意志、客观行为等方面存在重叠，案涉企业变更法定代表人给案件顺利执行造成了障碍，实践中各地法院的应对做法也不尽相同。

---

① 参见赵旭东：《新公司法制度设计》，法律出版社2006年版，第381页。

（一）预防恶意变更的各地做法

执行实践中，限制涉案企业变更法定代表人的做法，主要有诉前/诉讼行为保全和执行协助禁止两类。

在诉讼前和诉讼中，部分案件当事人为防止被告公司变更法定代表人，依据民事诉讼法第103条，"责令一方当事人作出一定行为或者禁止其作出一定行为"这一有关行为保全的规定，申请法院作出禁止涉案企业变更法定代表人的保全裁定，送达市场监管或行政审批等工商登记管理机关协助执行。

当案件进入执行程序后，一些地区法院参照行为保全的规定，向工商登记管理机关送达执行裁定书和协助执行通知书，限制被执行人变更法定代表人。该类执行措施缺乏具体的法律或司法解释规定，仅是参照《民事诉讼法解释》第168条关于保全措施与执行措施衔接的规定，"保全裁定未经人民法院依法撤销或者解除，进入执行程序后，自动转为执行中的查封、扣押、冻结措施"，反向推理、拓展适用于行为保全措施，在法律逻辑上并不严谨。为了弥补执行程序中限制被执行公司变更法定代表人的立法空白，部分地区法院通过内部文件统一尺度，如江苏高院2016年9月印发的《关于进一步规范股权冻结等执行行为的通知》第3条规定，"人民法院要求工商行政管理部门协助执行事项的范围不得随意扩大，但人民法院可以要求工商行政管理部门协助限制被执行人法定代表人的变更，相关要求参照冻结股权的执行"；还有部分地区法院依托执行联动机制，如上海高院与上海市市场监管局印发的《关于进一步规范协助执行机制的会议纪要》第6条规定："市场监督管理部门根据人民法院的协助执行要求，对于已被人民法院纳入失信被执行人名单的公司，应暂停办理变更法定代表人和高级管理人员的业务。"但此类文件仅可以作为操作层面的协助机关配合依据，并不能在法律文书中援引使用、作为依据。

（二）处理异议复议的裁判差异

我国法律和司法解释缺乏执行程序中限制被执行公司变更法定代表人的明确规定，当事人提出异议、复议后，执行裁判部门的处理思路不尽相同，通过中国裁判文书网检索，该类案件存在"同案不同案"现象，支持与反对的声音冲突明显，见表2。

表2 对限制变更法定代表人的异议、复议裁决思路

法院	案号	文书内容	裁决思路
贵州高院	（2020）黔执复125号	变更法定代表人是法人内部管理行为，属于企业意思自治的范畴，可由法人自由决定，并由工商部门核准登记即可，在执行程序中能否限制被执行人公司变更法定代表人并无法律规定。本案中，执行法院限制博宏公司变更法定代表人，于法无据	以禁止变更被执行公司法定代表人缺乏法律或司法解释的规定为由，撤销原执行裁定书和协助执行通知书
山东高院	（2020）鲁执复228号	公司内部管理行为法院一般不予干涉，但是当公司内部管理行为有可能对外产生利害关系、对内损害公司利益时，执行法院可以依当事人申请对其限制。执行法院根据五洲投资公司的申请禁止家福置业公司变更公司法定代表人，其目的是防止通过随意变更法定代表人损害家福置业公司的合法利益，防止规避执行，保障债权的及时实现	以防止损害债权人合法利益为由，防止规避执行，驳回复议申请

除此之外，执行法院还会对变更前的法定代表人采取限制高消费措施，当事人提出复议时，执行裁判部门的审查思路亦不相同，见表3。

表3 对原法定代表人限制高消费的复议审查思路

法院	案号	文书内容	裁决思路

(续表)

法院	案号	文书内容	裁决思路
广东佛山中院	（2020）粤06执复176号	人民法院对单位的法定代表人、主要负责人、影响债务履行的直接责任人员、实际控制人员采取限制消费措施的，应当是在案件执行过程中仍然担任职务、履行职责或者对公司经营管理有重大、直接影响从而对债务履行产生直接影响的人员，主要目的是通过威慑、惩戒被执行人单位的主要负责人，监督、促使其所在单位能够主动履行义务。在案件执行过程中，度壹公司已经市场监管部门核准变更登记，其法定代表人、股东、执行董事、经理及联络员均由李某萍变更为李某海，李某萍对本案债务履行已不能产生直接影响，对其限制消费也无法实现督促被执行人履行义务的目的	认为限制高消费应针对案件执行过程中仍然担任职务、履行职责或者对公司经营管理有重大、直接影响从而对债务履行产生直接影响的人员
上海一中院	（2021）沪01执复34号	樊某平系本案债权债务形成期间以及一审诉讼期间Z公司的法定代表人、董事、股东，可以认定对本案债务的履行负有直接责任，执行法院驳回樊某平请求解除对其限制高消费令的执行决定，并无不当。樊某平提供的证据，不足以证明被执行人的法定代表人变更是正常的经营所需，故对樊某平的复议申请，法院不予支持	在债务形成和一审期间担任法定代表人，且无证据证明变更系正常经营所需的，不予解除限制高消费措施

（三）追加股东担责的举证难题

企业经营实际中，担任法定代表人的以公司股东为主，加之我国实行注册资本认缴制，股东型法定代表人在变更法定代表人身份的同时，多伴随着未履行出资或减少出资等行为。此时，权益受到侵害的申请执行人常依照《最高人民法院关于民事执行中变更、追加当事人若干问题的规定》（以下简称《变更、追加当事人规定》）第17条未缴纳或未足额缴纳出资、第18条抽逃出资、第19条未履行出资义务即转让股权等情形，申请法院追加有关股东在相应范围内承担责任。

申请执行人提出上述追加申请的,执行法院应立"执异"字案号进行审理,① 同时申请执行人应对被申请人存在未缴纳或未足额缴纳出资、抽逃出资、未依法出资即转让股权等情形承担举证责任,如公司章程载明的注册资本、认缴时限,公司账户资金转出的金额、时间、资金转入方信息,股权变更的公示信息等。被申请追加的股东否认的,应对不应变更或追加其为被执行人等主张承担举证责任,举证证明未缴纳或未足额缴纳出资、公司注册资金转出、股权转让具有正当性、合理性,如尚未达到认缴出资年限,接受资金一方的身份、与资金转出相关联的合同等,不能证明资金转出真实性、正当性的,应承担举证不能的法律后果。

此时,申请执行人需要再进行一场专业性强、举证难度大的执行异议之诉,无形中增加了当事人的诉累。执行实际中,通过《变更、追加当事人规定》第17条、第18条、第19条成功追加股东承担责任的胜诉案例较为少见。

三、追问与反思:当前语境下变更乱象的溯源性剖析

对于限制被执行公司变更法定代表人、申请解除原法定代表人限制高消费措施的不同裁判思路,表面上是对法律规定的理解不一,但拨开迷雾、溯本求源,从更深层次来看,是裁判者在强制执行与公司自治、效率优先与公正优先等领域存在较大的理念差异、激烈的价值冲突。

(一)执行立法与执行手段的现实模糊

在"切实解决执行难"背景下,各地各级法院的执行力度不断增大,也越发重视打击规避执行行为,但对于认定规避执行的标准和打击规避行为的方式,现行法律和司法解释缺少细致的规定。虽然民法典和民事诉讼法都强调了实体和诉讼中的诚信原则,最高人民法院也早在2011年就出台了《关于依法制裁规避执行行为的若干意见》,但各项法律、法规

---

① 《最高人民法院关于执行案件立案、结案若干问题的意见》第9条第4项。

和文件还是较为宽泛、内容模糊的原则性、概括性规定。

2022年6月面向社会公布的民事强制执行法（草案），是我国执行程序的首部专门立法，对执行程序、执行监督等作出了全面系统的规定，但其中关于涉企案件、法定代表人的条文仍旧不够充分，主要有第50条"违反报告财产制度的责任"、第59条"限制出境"、第61条"拘传"、第62条"罚款、拘留"、第67条"不得纳入失信被执行人名单的主体"、第137条"动产实施占有的程序"、第184条"交付标的物中其他动产的处理"等，共计七个条文。对于能否在执行程序中限制涉案企业变更法定代表人没有具体的程序性规定，也没有认定"主要负责人员或者影响债务履行的直接责任人员"的具体、可操作的识别标准或证据规则。总体来看，草案没有关注到涉企案件数量逐年增加的现状，对被执行人为企业法人的案件关注不够，相关执行措施内容不多、手段不足。执行实践中，法院对法定代表人规避执行行为的打击和惩治，仍然是通过执行权的主观扩张来实现的，这种权力扩张的界限模糊不清，导致执行法官仅能凭借内心的朴素正义感、依靠手中的自由裁量权进行判断，执行权的扩张缺少法律依据，一方面执行法官心有余而"理"不足导致"执行不能"，另一方面执行力的过度扩张也可能造成"乱执行"。[①]

（二）公司自治与强制执行的边界冲突

有限公司制度源自德国，是为了配合中小企业的迅猛发展，于1892年创设出的一种既有强大融资功能，又能最大限度发挥投资人经营积极性的公司制度。公司独立人格与股东有限责任作为现代公司制度的两大原则，既可能成为守法投资人的"保护伞"，也有可能成为恶意逃债者的"护身符"。

我国民法典、《民事诉讼法解释》等法律和司法解释，均规定了法定代表人代表公司行使职权、代其起诉应诉等权利；同时，也规定了公司

---

① 参见王守春：《公司实际控制人规避执行之反制——从执行权主观范围扩张的角度》，载《学术交流》2017年第10期。

不履行义务时，人民法院可以对其法定代表人采取罚款、拘留等强制措施。然而，问题的核心在于我国现行法律法规为保护公司自治，对公司法定代表人任职资格、变更方式的规定相对宽松，如公司法第 13 条规定："公司法定代表人依照公司章程的规定，由董事长、执行董事或者经理担任，并依法登记。公司法定代表人变更，应当办理变更登记。"根据该规定，公司法定代表人需要变更的，依法办理变更登记即可。实践中，确实存在被执行公司的法定代表人因罹患疾病等个人身体原因不能履职而确需变更的情形，同时部分学者和法官认为公司法定代表人的任免或者变更，本质上属于公司自治范围，是公司内部治理问题，并非法律强制管理范畴。为保持公司的活力，人民法院应当充分尊重公司的意思自治，充分保护公司股东选择公司法定代表人和管理者的权利，而不应进行干预。① 这种公司自治权利的一旦被滥用，难免会沦为规避执行的工具，执行法官为维护合法权利，追求案件执结，通常跳过"三段论"直接将原法定代表人认定为公司主要负责人或者影响债务履行的直接责任人员，对其采取相应强制措施。总结来说，公司自治原则框架下法定代表人变更的宽松，无法适应"切实解决执行难"的现实需求，不能完全兼顾保护公司自治与打击规避执行，时常导致执行工作陷入被动和僵局。

（三）效率优先与公正优先的价值分歧

审判权和执行权在权属性质上有本质的区别，二者的司法价值迥异，② 审判权秉持中立追求公正，不偏不倚、居中裁判，而执行权属于单方、主动行为，强调效率具有强制性，必然带有强烈的职权主义色彩。理论界的主流观点认为，从程序正义的角度考察，公司面纱的揭开，不仅涉及对公司法律制度的判断与评价，而且涉及在具体案件中如何正确适用法律，以及对公司、公司实际控制人、债权人各方诉讼权利的保护

---

① 参见蔡小碧、曹文兵：《法定代表人任免属公司自治范畴》，载《人民司法·案例》2022 年第 2 期。

② 参见李天全：《用法治观念引导审执分离改革》，载《人民法院报》2016 年 9 月 19 日。

问题，以审判程序解决为宜。① 执行实施机构径行认定，难免有"以执代审"之嫌，诸如此类认为执行效率优先必然会牺牲公平、执行程序无法保障程序正义的固有认知，以及学界和司法实践中过度保护公司制度的价值导向共同营造了一个监管真空空间——将执行程序排除在对公司法定代表人的监管之外。公司法定代表人得以利用这一漏洞规避执行，甚至成为恶意逃废债的常用手段，导致判决确认的权利不能实现，严重损害司法尊严和法律权威。从这个角度分析，过分强调公正优先、价值保护，也从另一个方面破坏了以胜诉权益和司法权威为代表的程序正义。

在"疫情要防住、经济要稳住、发展要安全"的宏观背景下，人民法院的执行工作越来越强调善意文明理念，侧重于保护企业和企业家合法权益。执行法官对被执行公司的实际控制人、法定代表人及影响债务履行的直接责任人员适用惩戒措施时，考虑会更加全面，实施会更加慎重。如果对公司法定代表人的强制执行措施施之过重，轻则提出异议复议，重则引发投诉信访，被认为是机械办案、就案办案，干涉了公司的正常生产经营，没有兼顾执法办案"三个效果"。在这种形势背景下，执行法官不能、不敢、不愿、不会限制被执行公司变更法定代表人或者对新/旧法定代表人采取拘传、罚款、拘留等执行措施。

四、破局与突围：健全应对与打击机制的可行性探讨

有效应对、精准打击变更法定代表人规避执行的行为，需要在立法层面上加快完善、在执行实施程序中加紧优化，综合运用执行前行为保全、执行中限制变更等手段，堵住恶意变更法定代表人的路径，一并用好听证制度、证据规则等程序，确保对法定代表人的各项执行措施依法精准适用。

---

① 参见唐学兵：《公司法的修订与民事执行的适用——从民事执行的视域看公司法的修订》，载《强制执行指导与参考》2007 年第 1 辑。

(一) 强化审执衔接中的行为保全适用

要求工商登记管理部门限制涉案企业变更法定代表人，是防止恶意变更法定代表人最直接、最有效的手段。根据现行法律和司法解释，在诉讼前或诉讼中，当事人可以申请法院实施行为保全，限制案涉公司实施变更法定代表人的行为。

行为保全的制度创设源于 2012 年修改的民事诉讼法，该法为弥补我国财产保全制度的不足，在当时的第 100 条增加了行为保全的规定。学界认为，所谓行为保全是指为了临时救济当事人和利害关系人以及保证判决或裁决的执行，法院在审理结束之前裁定被申请人为一定的行为或不作为的程序性活动。[1] 但在执行环节，法院能否限制被执行公司实施变更法定代表人行为，在理论和实务界均有较大争议，持反对意见者认为变更法定代表人是法人内部管理行为，属于企业意思自治的范畴，根据公司法及《市场主体登记管理条例》等规定，担任法定代表人有任职资格限制，但退出并无限制，可由法人自由决定，并由工商登记管理部门核准登记即可。执行程序中需采取控制性措施的，法律已设置了查封、扣押、冻结等制度，法律未设置的，法院不得擅自行创设，亦不得从审判程序中"类比"或寻找相应的"兜底条款"。[2] 但上述观点忽视了执行权具有主动性和强制性的特点，当公司内部管理行为有可能对外产生利害关系、对内损害公司利益时，执行法院可以依当事人申请对其限制。如果被执行公司变更法定代表人的行为确有合理理由的，可通过执行异议、复议途径加以解决，被执行公司负有履行生效法律文书的义务，一方面随意变更法定代表人不利于案件的顺利执行，另一方面也不应该将相关负担交由申请执行人承担。故建议尽快明确法律规定、统一法律适用，赋予执行法院可以根据申请执行人的申请或者依职权，在执行实施

---

[1] 参见王福华：《民事诉讼法学》，清华大学出版社 2015 年版，第 254 页。
[2] 参见张伟：《对被执行公司能否限制其变更法定代表人的探讨》，载《人民法院报》2017 年 8 月 16 日。

阶段可以限制被执行公司变更法定代表人，畅通执行前后两个阶段限制变更的双向路径，从源头上防止被执行公司恶意变更法定代表人，堵塞规避执行、逃避债务的通道，见图2。

```
                                    ┌─── 诉前/诉讼行为保全
限制变更法定代表人 ───┤
                                    └─── 执行阶段的禁止类执行措施
```

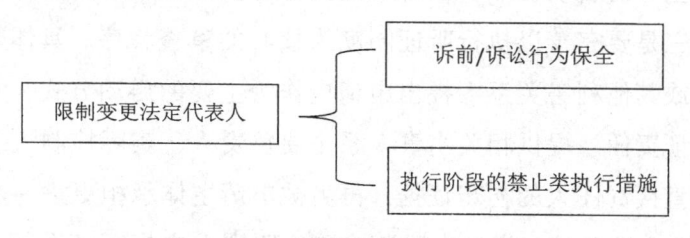

图2　限制案涉企业变更法定代表人的路径

（二）优化执行程序中的既有措施应用

现行法律和司法解释规定了多项可以适用于被执行公司法定代表人的执行措施，其中既有信用惩戒类的限制高消费、失信信息公布，也有人身限制类的拘传、拘留，更有刑事惩戒类的涉嫌触犯拒执罪，执行法官可以结合具体案情，单独或综合适用信用惩戒、人身限制等执行强制措施，促使法定代表人配合执行，主动履行生效法律文书确定的义务。但值得注意的是，相关法条的行文表述，多是主要负责人、实际控制人、影响债务履行的直接责任人等，对被执行公司新/旧法定代表人的执行措施应用，关键要在实体法和程序法上完善优化，帮助执行法官更加精准、便捷、高效地对比判断上述人员身份。

在实体法上，现行公司法及相关司法解释中均未提供实际控制人等人员的判定标准，导致实践中认定标准不一。我国台湾地区"公司法"第369条第2项规定："控制公司负责人使从属公司为前项之经营者，应与控制公司就前项损害赔偿负连带赔偿责任。此之'负责人'，系指实际使公司为不合营业常规或其他之利益之经营者而言。"该规定明确了将公司的控制人与公司作为并列的责任承担主体。公司法及其司法解释修订时，可以明确在公司实际控制人、主要负责人身份和滥用控制权行为被认定的情形下，债权人可以直接请求相关人员承担连带责任。

在程序法上,对于需要认定变更前的法定代表人系被执行公司的主要负责人、实际控制人或影响债务履行的直接责任人的,一是要建立以申请人为主导的启动程序,二是要设置符合执行程序特点的举证责任分配原则,三是要完善以执行听证制度为核心的审查程序。具体来讲,申请执行人或其他利害关系人提出申请应作为主要的启动方式,并由其承担初步举证责任,提供相关当事人系主要负责人、实际控制人或影响债务履行的直接责任人的初步证据,再由被申请主体承担更进一步的反向证明责任,上述陈述、举证、质证、辩论原则上应当听证进行,从而最大限度地查明事实。

(三)细化变更法定代表人的恶意评价准用

规避执行一般表现为债务人利用现有法律的漏洞取得行为表面合法性,进而掩盖其规避执行的非法目的,其行为的表面合法性与规避执行目的的隐蔽性是区别于正常公司自治、一般抗拒执行行为的核心特征。[①]对恶意规避执行的认定,应当从主观认识、时间节点、行为方式三个方面进行把握。

一要明确恶意的主观认定,主要考虑被执行公司变更法定代表人的目的性,如果是阻碍执行程序、降低偿债能力,实际上也造成了案件执行不能,则应推定为具有逃避债务、规避执行的故意。

二要把握变更的时间节点,变更法定代表人规避执行属于间接规避行为,变更的时间节点主要有四个(见图3),即债务发生后一审败诉前、一审败诉后申请执行前、申请执行后执行开始前以及执行措施实施后。对于债务发生后一审败诉前变更的,主要审查公司内部决策是否合法,基于公司自治原则,在要素审查后合理区分、慎重认定;对于一审败诉后申请执行前的,主要审查新任法定代表人对公司的经营状况是否了解、对公司是否有掌控力,如果被执行公司无财产可供执行,且新任

[①] 参见赵培元:《对债务人规避执行的法律思考》,载《人民司法·应用》2011年第5期。

法定代表人不了解、不掌控公司,则应认定为恶意变更;对于申请执行后执行措施实施前的,被执行公司无正当理由和充足证据而变更的,一般应认定为恶意规避;对于实施限制高消费、限制出境等措施实施后仍变更的,主观故意更加明显,被执行公司的举证责任理应更加严苛。

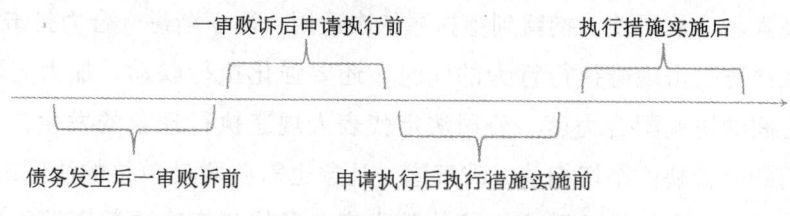

图 3 案涉企业变更法定代表人的时间节点

三要关注规避的行为方式,通过变更法定代表人方式规避执行,本质上是摆脱特定身份,进而对查找财产线索、采取强制措施造成障碍,如将法定代表人变更为普通职工、年迈老人、无关亲属甚至是下落不明的人,原法定代表人"卸下"责任,甚至转移、隐匿财产,[1] 导致执行法院不能采取拘传、拘留措施,或者限制出境、限制高消费等执行惩戒效果不足,则应认定变更行为具有规避执行的故意。

(四) 深化规避行为中的司法惩戒作用

出于维护法律文书权威、促进案件顺利执结的目的,恶意变更法定代表人的行为一经查实,应当严格按照民事诉讼法或者刑法的规定,视情节处以罚款或拘留,直至移送公安机关以涉嫌触犯拒执罪立案侦查。微观来讲,要把规定动作做到位,案件进入执行程序后,发出执行通知书后仍不履行的,应依法对被执行人的法定代表人采取限制高消费措施,在公布的失信信息中,详细记载法定代表人或者负责人姓名,及时赴被执行公司场所进行调查,约谈法定代表人或其他责任人员,拒不到场的依法适用拘传等措施,符合罚款、拘留条件的,依法惩处,绝不姑息。

---

[1] 参见卫彦明:《人民法院反规避执行典型案例选编》,中国法制出版社 2014 年版,第 179 页。

宏观来讲，要讲究案件办理的艺术，通过现场走访调查、关联案件检索、要求当事人提供线索等方式，全方位掌握被执行公司的经营状况、偿债能力等，用活用好用足强制执行措施的震慑、惩戒效应，查明被执行公司原法定代表人恶意变更、规避执行的，及时固定证据，按照执行措施的力度强弱，从罚款、拘留到拒执罪依次适用，循序渐进、合力打击。

在严厉打击规避执行行为的同时，还要强化执行联动，加大与联动单位之间的协调配合力度。公司法定代表人规避执行现象的发生，与相关部门的监管缺位密切相关，破解这一乱象也需要联动单位的协同配合，如公安机关加大协助法院查人找物的力度，寻找恶意变更后下落不明的原法定代表人；市场监管、行政审批等工商登记管理机关加强涉案公司法定代表人的退出审查和信用监管，利用与人民法院建立的信息共享机制，审慎办理案涉公司办理变更法定代表人手续，加强包含失信法定代表人任职限制、从业惩戒等机制在内的信用体系建设，从根源上遏制规避执行行为的发生。

五、结语

规避与反规避犹如"矛与盾"的关系，此消彼长、循序渐进，需要专家学者和执行干警持续关注、跟进研究。同时还要贯彻落实好善意文明执行理念，在债权人合法权益和保障债务人正当权益之间实现均衡，使执行程序既能"保障债权实现"，打击非法行为又"具有社会可接受性"，在绝不放纵公司法定代表人滥用变更权利侵害债权人权益的同时，也不因过度抑制此权利而动摇公司制度大厦的根基。

执行网络直播的价值功能及实践探索

张 崴[*]

执行网络直播通过在线实时视频传输的方式,让网民直击强制集中传唤、探视权执行等执行活动,以看得见的方式让人民群众感受公平正义。此种以直播方式呈现案件执行,较好地发挥执行宣传工作的"聚集效应",更容易引起全社会的反响和共鸣,既回应了人民群众对司法公开的新期待、新要求,也有力震慑了拒不履行法律义务的被执行人及其他妨碍执行的相关人员。2021年以来,笔者所在的如东法院进行了四次较大的执行直播活动,实践的探索使我们对运用新媒体进行执行直播,将直播活动打造成人民群众实实在在感受公平正义的窗口等问题进行深入思考。基于如东法院对执行网络直播的探索与实践,笔者在此分享相关粗浅理解及建议,以期抛砖引玉,对今后人民法院充分发挥执行网络直播宣传效果及规范化、制度化建设,提供参考。

一、执行网络直播的价值和意义初探

作为民事执行公开的重要内容和方式,以网络直播的形式讲述执行故事,既能够给被执行人以强大的震慑和压力,促使他们主动履行义务;也有利于保护胜诉当事人的合法权益,实现良好的执行效果;又能够发挥互联网受众广、影响力强的优势,助推全民普法。执行网络直播就像

---

[*] 江苏省南通市如东县人民法院党组成员,审判委员会专职委员。

一根纽带,拉近了法院与群众间的距离,帮助人民群众更加深入直观地了解法院执行工作,增强人民群众对执行工作的理解和认同。执行网络直播至少具有以下几个方面的积极作用与效果。

(一)有利于让人民群众更加充分理解和支持执行工作

执行是一项专业性强、制约和影响因素多的司法工作。但是,普通老百姓,甚至一些法律职业者对此并不十分了解,有些人还对执行工作存在偏见和误解,认为生效法律文书就应该全额及时兑现。通过直播执行活动,有利于社会大众了解执行工作的复杂性及面临的困难。在多次直播过程中,诸多观众均留言表示出对人民法院执行工作的理解和支持,支持人民法院采取必要的措施打击规避抗拒执行行为,支持从国家层面通过综合治理的方式解决执行难问题。通过直播问答的互动,能够有效形成良好的执行工作氛围,进而在全社会形成解决执行难问题的合力。

(二)有利于借助互联网舆论监督强化信用惩戒作用

诚信是法治的基础,失信就应当受罚。被执行人拒不履行生效法律文书确定的义务,是一种严重的失信行为。直播民事执行活动,将被执行人的失信行为暴露于大庭广众之中,可以使被执行人感受到舆论的压力,降低其信用水平,其实就是在对被执行人进行信用惩戒。换言之,开展执行媒体直播活动,也是对被执行人进行信用惩戒的方式之一。在直播过程中我们发现,很多被执行人面对直播镜头,在执行人员释法明理下,表现出积极配合的态度,部分较为困难的执行案件得到有效化解。

(三)有利于进一步提高执行规范化水平和队伍自身建设

执行网络直播将执行行为呈现在社会大众面前,直播前需要进行大量的准备工作,从直播方案的制定、执行案件的选取、车辆人员调配都离不开法院多部门的密切配合;直播时与当事人沟通协调技巧、对执行行为的实时解读、突发应急事件的处置等,无不对执行干警执行经验和应急处置能力提出更高的要求。可以说一场直播活动的顺利开展，是对一个法院执行综合能力的有效检验，同时也是极大的提升。以 2021 年 12 月 30 日，最高人民法院联合中央电视台"社会与法"栏目在如东开展的"中国法庭"《栟茶古镇的"船头法官"》全媒体直播活动为例，从思路构想、程序规范、节奏把控、软硬件设施等多方面全细节，不仅得到最高人民法院、省法院和市中院的大力支持，且全院各部门通力协作配合，提前做了大量准备工作，最终 50 余家媒体平台参与直播，观看人数逾 1400 万，取得了良好的宣传辐射效果。

（四）有利于更好地实现法律的宣传教育功能

通过执行直播公开执行过程，有利于直观地展现执行工作的强制性，从而对那些没有被直播的被执行人，甚至还没有进入诉讼或者执行程序的债务人产生震慑作用。在一起追索劳动报酬纠纷案件直播过程中，被执行人面对镜头，坦言拖欠工资的严重后果，把执行法官将要说的话都抢着说掉了："拖欠的工资必须要履行，在履行到位前再没有工人愿意尽力为我打工，没有工人到岗，工厂的生产便无法维系，最后落得满盘皆输。"可以说，一场规范的执行网络直播，就是一堂生动的、受众众多的法治教育课。

二、执行网络直播面临的考验和挑战以及应对措施

执行网络直播体现的是人民法院主动融入"互联网+"时代的决心、自觉接受社会公众监督的勇气，以及对自身执行能力和水平的自信。在互联网时代，一丝丝瑕疵都会被无限放大，一点点缺陷都可能引发质疑。法院执行网络直播面临如下考验和挑战，亟须予以规制并依法应对。

（一）技术挑战：执行网络直播需要依赖网络技术，具有较多的不确定性

网络环境不稳定、带宽不足等问题可能会影响直播质量，甚至导致

直播中断，需要对网络环境进行优化，加强网络安全排查；为保障直播设备的稳定性和可靠性，需要选择较高品质的设备；为保障直播技术的稳定性和可靠性，需要有专业的技术支持团队，从而及时解决技术问题和故障；为避免直播中断，需要建立备份机制，如备用摄像机、备用网络等，以备不时之需；为保障直播质量，需要在直播前进行充分的测试和调试，包括网络测试、设备测试、信号测试等，以确保直播顺利进行。这些都需要耗费大量的时间和精力来统筹安排。

（二）能力考验：执行网络直播具有较多不确定性，需要依法妥善处置

执行场所和时间的不确定性、执行内容的碎片化、执行当事人的流动性，决定了执行网络直播工作的复杂和艰巨。比如，当接到执行110报警出警后，可能会出现被执行人已经不在举报现场的情况，从而使直播工作无法对执行过程进行完整呈现；在直播过程中，可能会出现被执行人对执行人员产生对立情绪等突发状况或者对抗场面；甚至在执行现场会出现被执行人或其同住成年家属或真或假的身体不适场面。这些都对执行人员的应急处置能力以及社会知识经验带来了很大挑战，也必然带来更大的工作压力。执行人员在执行网络直播之前，必须做好功课，方能依法妥善处置，体现能力与担当。

（三）隐私保护：执行网络直播可能涉及当事人的隐私信息，如何保护当事人的隐私权是一个重要的考验

执行网络直播过程中，必然会对被执行人的生活居住场所进行公开报道介绍，难免会对被执行人及其同住亲属的隐私造成影响，这就涉及司法公开与被执行人隐私权保护之间的平衡问题。如果不进行专门规制，在大数据时代，可能会被别有用心的人利用，引发侵犯隐私权问题。故在执行网络直播时，需提前制定当事人的隐私保护措施，包括不公开当事人的个人信息、不公开当事人的面部特征等；审慎选择直播的案件，

对于涉及当事人隐私的案件，需要谨慎进行技术处理，避免直播过程中泄露当事人的隐私信息，可以对当事人的面部特征进行模糊处理，采取佩戴口罩、注意拍摄角度等技术手段保护当事人的隐私；此外，还可以根据需要限制观看人员范围，避免随意传播和泄露当事人隐私信息；针对一些特殊案例可不设置回放，从而更好地保护被执行人及其亲属的隐私权；对直播过程进行实时监控和管理，及时发现和处理隐私泄露等问题；对直播人员进行隐私保护的教育和培训，提高他们的隐私保护意识和技能，避免因人为原因导致隐私泄露。

（四）舆情管理：执行网络直播可能会引起公众关注和舆论评价，如何应对可能出现的负面舆情和舆论压力考验巨大

执行网络直播是一个公开透明的过程，容易引起社会公众的关注和讨论，因此需要进行舆情管理，以维护法院形象和保护当事人合法权益。在直播前，需要制定舆情管理方案，明确管理目标、方法和措施，以应对可能出现的舆情风险；对于已经出现的舆情，需要及时予以回应；对于公众关注的问题和疑虑，需要及时给予解释，避免造成不良影响；主动加强信息公开，及时公布相关信息，让公众及时了解案件的真实情况，避免出现谣言和误解；对于可能出现的舆情进行监测和分析，防患于未然；加强法律释明工作，引导公众理性看待案件，避免出现情绪化和偏激的言论和行为；加强社交媒体管理，对于围观人员散布的不当言论和过激行为及时进行处理，避免对法院形象和当事人合法权益造成损害；同时加强与相关媒体的沟通，及时向他们提供准确案情和相关法律规定，避免出现不实报道。

三、打造执行网络直播闪亮名片的若干思考

法官的责任就是尽职尽责地处理纠纷。一场准备充分的网络直播，可以帮助执行法官主导和管理案件进程，科学、理性且能动地化解矛盾、解决纠纷，在事半功倍处理好案件的同时，也可以控制和减少当事人对

司法资源和其他公共资源的过度使用和浪费。如何打造执行网络直播的闪亮名片，值得每一位执行实务工作者思考。

（一）完善直播制度设计

目前，尚没有关于执行网络直播的制度性规定。《最高人民法院关于进一步深化司法公开的意见》和《最高人民法院关于人民法院直播录播庭审活动的规定》或者是原则性规定，或者是关于审理案件的直播规定，不能解决执行网络直播中可能遇到的各种问题。各地法院的相关规范性文件效力层级较低，不能很好地为执行网络直播助力。人民法院执行部门应当仁不让，发挥主观能动性，在执行实践中摸索经验；同时加强理论研究，对于执行网络直播的范围、形式、内容、审批机关、隐私保护、责任承担、应急处置、协调配合、宣传引导等问题进行调研，为将来最高人民法院出台司法解释积累经验，早日使执行网络直播有法可依、有章可循。

（二）慎重挑选直播案例

人民法院办理的执行案件，种类众多，纷繁复杂，但是可以进行执行网络直播的案例需要精心挑选。在具体选取案例时，应当根据案由，标的额，当事人住所、家庭情况、身体状况以及对直播的态度，是否会侵害或者泄露隐私权等因素，进行权衡取舍、有备无患。在执行网络直播之前，最好与各方当事人进行接触，了解他们的脾气性格，并进行相关法律释明工作，未雨绸缪。追索赡养费、抚养费、扶养费、农民工工资的案件以及其他涉民生案件，是比较适合直播的案件。这些案件契合社会主义核心价值观，也容易得到群众的情感认同。执行人员在上述案件执行过程中，要动之以情、晓之以理，在善意文明执行和加大执行力度之间寻求平衡，力争案结事了。如东法院在选择直播案件时，均精心挑选了类似案例，如两名耄耋老人申请执行赡养费纠纷案件，以善意文明执行方式案结事了；追索劳动报酬纠纷案件，果断采取搜查、拘传措施，被执行人在强大的压力下，主动向亲戚朋友筹款履行。也可以将"执行不能"情形作为宣传重点，将一些无财产可供执行的案件列入直播范围，促进全社会形成对"切实解决执行难"问题的正确认识。这些案件，被执行人或患有重病，或依靠低保生活，或暂时无可供执行的财产，在网友们的围观下，法院对这些被执行人及其居住地依法采取搜查措施，进一步确认其无履行能力，同时让广大网民直观认识到法律风险、商业风险的客观存在。对于申请执行人为职业放贷人的民间借贷纠纷案件，法律关系错综复杂的公司、合同、证券纠纷案件，被执行人为公职人员的案件，慎用执行网络直播。这些案件，或者容易使受众认为人民法院为职业放贷人收账，或者短时间内难以向受众表述判决结论的正确性，或者不利于进行舆情管理。

（三）培养执行直播团队

执行宣传工作是一项苦差事、难差事，执行网络直播工作成功的关键首先在于人，需要培养既懂执行专业法律知识又懂新闻宣传的执行干警参与，他们的素质和能力对直播质量和效果有着至关重要的影响。要勇于克服心理障碍，不断完善精进执法办案能力，在阳光下、镜头前，执法不露怯、不抵触。执行网络直播还需要投入一定的人力、物力和财力，从制作执行直播行动方案，将精选执行案例转换为直播台本、车辆安排、人员调配，到沟通村社网格员、邀请人大代表、政协委员到场监督，制作直播预告，开展后期宣传等，一系列的执行网络直播工作需要耗费大量时间和精力来统筹安排、协调沟通。这需要法院多部门共同努力，方能做好一场直播。在四次直播活动中，如东法院都提前数次召开准备会议，从案例选择、人员分工、后勤保障、安全防范、法律风险等方面进行谨慎化考量，避免盲目开展执行网络直播造成不良影响，以确保直播工作的顺利进行和信息的准确传递。目前，如东法院已经建立了自己的执行直播团队，选取精通法律业务、善于沟通表达的干警进行直播解说，同时配备了专业技术人员应对直播过程中可能出现的技术问题，逐步提高执行网络直播的影响力、公信力。

（四）探索多种直播模式

执行网络直播是一项新鲜事物，可以通过多种方式予以综合运用。如东法院已经开展的四次执行网络直播，其实也是多种模式并举。2021年12月30日的"中国法庭"直播活动（渔货卖出四年多、执行法官讨欠款）是单个案例的直播，吸引了逾千万网友在线观看，起到了很好的法律效果和社会效果。2023年1月20日的直播是针对网络司法拍卖的直播，其实早在2020年4月下旬，如东法院就在上级法院的统一部署下，在淘宝网司法网络拍卖平台团队提供技术服务支持的情况下，在阿里司法拍卖平台对30幅风格不一的字画和2辆机动车以直播方式予以展示，两名年轻执行干警化身"主播"，走进淘宝网司法拍卖直播间，带大家实地看样，最直观地介绍拍卖标的物现状，同时也提升了成交率和避免买受人悔拍。"春雷"和"暖心"专项集中执行行动直播则是集中执行模式的展现，通过预告宣传，与专业直播平台配合，进行多个执行案例的报道，全方位、多角度全面展现人民法院执行工作。此外，还可以通过曝光失信被执行人、宣传执行干警的酸甜苦辣等方式宣传失信的代价和执行干警的艰辛，彰显法院的威严。

（五）配合开展法治宣传

人民法院可以在开展执行网络直播过程中，加强法治宣传工作。在直播数个执行案件的间隙，插播人民法院各项工作开展情况。如东法院在开展直播活动的同时，插播关于"打造枫桥式人民法庭服务保障乡村振兴"和"智慧法院建设"的宣传片，起到了很好的宣传效果。同时，在直播过程中，可以介绍当地的风土人情和营商环境，2021年12月30日的"中国法庭"直播活动，执行法官在直播过程中穿插介绍了如东长寿之乡、教育之乡、海鲜之乡、民风淳朴、投资宝地等情况，让全世界的网民了解如东。有网友留言：一定要来这块风水宝地看看。直播人员还可以在直播同时进行普法宣传，对于拒执罪、执转破、类个人破产、限高纳失等法律名词进行相应解读，同时结合典型执行案例生动直观地进行释法说理，敦促观看直播的受众自觉履行法院裁判，避免失信的代价，引导全社会形成遵纪守法的良好氛围。同时，在直播过程中，还可以邀请人大代表、政协委员、检察官参与，既让他们亲身感受人民法院为破解"执行难"付出的艰辛和努力，也让他们对部分案件确实执行不能的情况有更加直观的认识与理解。上述人员的参与，对执行人员既是监督，也是保护。如东法院在开展执行网络直播时，均邀请了上述人员参与，他们均充分肯定法院在加大力度解决执行难问题方面所作的努力，称赞进行全媒体网络直播行动效果很好，可以更直观地维护司法权威，向更多的群众宣传法律，为切实解决执行难创造良好的社会环境。

"物有甘苦、尝之者识；道有夷险、履之者知"。执行网络直播工作可以促进司法公开、展示司法公正、维护司法权威，在人民群众的监督下维护胜诉当事人的合法权益，震慑拒不履行生效法律文书确定义务的被执行人，是一场鲜活生动的网络普法大讲堂，需要不断尝试、总结、完善，发挥其最大的功能。

【调研与实证】

信用卡执行案件的实践审视与应对路径
——基于江苏法院近年来信用卡执行案件的分析

江苏省高级人民法院执行局课题组[*]

根据中央和省委部署,学习贯彻习近平新时代中国特色社会主义思想主题教育正在如火如荼开展,其中调查研究是高质量开展好主题教育的有力举措。习近平总书记强调,调查研究是谋事之基、成事之道。[①] 最高人民法院院长张军强调,"在全国法院大兴调查研究""调查研究的根本目的是解决问题""小切口解决大问题才是真调研、管用的调研"。[②] 近年来,信用卡执行案件因"标的小、数量多、难执行"而引发关注,开展该类案件的调查研究,加强该类案件的综合治理、源头治理,有效提升该类案件的执行质量、效率、效果,对于依法保障金融机构及时实现权益,防范化解金融风险,保障金融安全,以及促进执行工作高质量发展,具有重要意义。为此,江苏省高级人民法院执行局对全省法院该类案件情况进行专题调研,力求把情况摸清,把问题找准,把原因析明,把对策提实,促进该类案件高质量办理。

---
[*] 课题组成员:韦瑞瑾、朱嵘、赵祥东、夏丛杰、杨传煜。
[①] 2013年7月23日习近平总书记在湖北省武汉市主持召开部分省市负责人座谈会上的讲话、2017年10月25日习近平总书记在党的十九届一中全会上的讲话。
[②] 2023年3月21日张军院长在最高人民法院党组会传达学习贯彻习近平总书记关于大兴调查研究的重要指示精神和中共中央办公厅《关于在全党大兴调查研究的工作方案》时的讲话。

一、信用卡执行案件基本情况分析

调研发现，2021年至2023年2月底，全省法院立案首次执行（不含恢复执行）信用卡案件30542件，结案28277件，其中，执行完毕3747件，和解终结执行5240件，终本18885件。执行中能联系到被执行人案件数为9458件，被执行人住所地在本市（设区市）辖区范围内的案件数为19969件，在本市（设区市）辖区范围外的案件数为10573件。执行中拘传被执行人2026人，拘留被执行人165人。经分析上述数据，全省法院信用卡执行案件呈现"四高一低"显著特征。

一是缺席审理占比较高。全省法院立案执行信用卡案件30542件，其中法院判决、调解等30492件，仲裁裁决、公证文书50件。审理时被告缺席19863件，占比为65.03%，其中，徐州地区被告缺席占比高达85.71%。整体来看，被告缺席比例较高。因被告未参与审理，影响调解及当庭履行和判后自动履行，见表1。

表1 审理时被告缺席占比统计

地区	立案执行案件数（件）	审理时被告缺席案件数（件）	被告缺席占比
徐州	2344	2009	85.71%
扬州	946	759	80.23%
南京	8673	6801	78.42%
无锡	2511	1847	73.56%
盐城	2169	1505	69.39%
苏州	4802	3172	66.06%
镇江	1986	1290	64.95%
泰州	1369	866	63.26%
南通	1632	945	57.90%
淮安	355	197	55.49%
宿迁	1098	511	46.54%

(续表)

地区	立案执行案件数（件）	审理时被告缺席案件数（件）	被告缺席占比
常州	2124	867	40.82%
连云港	440	117	26.59%

二是终本结案率较高。全省法院信用卡执行案件结案 28277 件，其中，执行完毕 3747 件，和解终结执行 5240 件，终本 18885 件。在已结案件中，执行完毕占比 13.25%，终本占比为 66.79%。其中，镇江终本结案占比高达 80.39%。而江苏省近年来普通执行案件中，执行完毕占比 31.17%，终本占比 49.50%。整体来看，信用卡执行案件执行完毕率较低，终本率较高，见表2。

表2　各市终本结案占比统计

地区	已结案件数（件）	终本结案案件数（件）	终本结案占比
镇江	1882	1513	80.39%
常州	1812	1427	78.75%
苏州	4367	3389	77.60%
无锡	2408	1737	72.13%
泰州	1263	896	70.94%
连云港	394	276	70.05%
扬州	810	518	63.95%
宿迁	946	583	61.63%
徐州	2084	1279	61.37%
南京	8329	5039	60.50%
南通	1573	926	58.87%
淮安	337	188	55.79%
盐城	2072	1114	53.76%

三是被执行人无法联系占比较高。执行中能联系到被执行人案件数

为9458件，在立案执行案件中占比为30.97%。即，意味着执行中近七成案件无法联系到被执行人，影响执行谈话、执行和解以及拘传、拘留等强制措施的采取。

四是被执行人在辖区外占比较高。立案执行案件中，被执行人住所地在本市（设区市）辖区范围内的案件数为19969件，占比65.38%；执行案件中被执行人住所地在本市（设区市）辖区范围外的案件数为10573件，占比34.62%。其中苏州地区由于外来务工人员多，占比为46.98%。被执行人在本市（设区市）辖区范围外占比较高，为执行中查找被执行人、调查被执行人财产线索以及对被执行人采取强制措施带来现实困难，见表3。

表3 被执行人住所地在设区市辖区范围外占比统计

地区	立案执行案件数（件）	被执行人住所地在设区市辖区范围外的案件数（件）	占比
苏州	4802	2256	46.98%
南京	8673	3133	36.12%
无锡	2511	754	30.03%
南通	1632	442	27.08%
徐州	2344	584	24.91%
扬州	946	228	24.10%
泰州	1369	269	19.65%
镇江	1986	354	17.82%
盐城	2169	376	17.34%
常州	2124	308	14.50%
宿迁	1098	25	2.28%
连云港	440	8	1.82%
淮安	355	6	1.69%

五是采取强制措施占比较低。执行中，拘传被执行人数为2026人，

占已结案件比例为 7.16%；实际拘留被执行人数为 165 人，占已结案件比例为 0.58%。拘传、拘留运用比例较低，既有受新冠疫情影响的因素，也说明此类案件中执行工作的强制性尚未充分彰显。

二、办理信用卡执行案件的主要做法及工作亮点

在信用卡执行案件办理过程中，全省法院开拓创新，能动执行，积累了经验，形成了工作亮点。

（一）主要做法

一是组建专门团队，提高办理效率。落实执行指挥中心"854 模式"，在立案阶段制作初次接待笔录时，对有无财产线索、能否联系到被执行人、是否在本地、工作单位、有无收入进行详细标注，以便执行中精准查人找物，提高执行效率。同时，针对信用卡执行案件标的小的特点，集中网络查控后实行繁简分流。南京、苏州、无锡、镇江、常州、淮安、盐城等地法院，成立金融速执团队或金融快执组，根据有无财产处置，运用"一次有效执行"机制处理，实现"繁简分流、快慢分道"和"简案快执、难案精执"。即，针对一次性履行完毕、和解长期履行、暂无财产可供执行案件，由金融速执团队快速执结，原则上 60 天内结案；针对有财产需处置的案件，由金融处置团队进行精细化办理，加大执行力度，提高办理效果。

二是依托综合治理，强化查人找物。对于有联系电话、居住地址的被执行人，苏州法院要求必须电话联系和线下上门，利用社会治理网格查人找物，最大限度通过找人提高执行效果。对于有不动产、车辆的被执行人，通过公安系统查询车辆下落，利用拍卖裁定倒逼被执行人现身并积极履行债务。宿迁法院注重"网格+执行"联动，充分发挥网格员对负责区域走访频率高、把握信息全的优势，发动网格员完成协助查找被执行人下落、摸排家庭成员情况及协助查找财产、送达法律文书等协助工作，与社会治理良性互动。盐城法院利用网格、村居的便利条件，寻

找被执行人下落，摸清其家庭成员及经济状况，动员家属劝其主动履行或由其家属代为履行。

三是注重源头治理，压降案件数量。徐州法院将信用卡执行案件纳入执源治理，组织辖区内该类案件较多的金融机构，就信用卡违约激增原因、强化开卡授信审查、执前与债务人协商等执源治理问题，开展座谈研讨，提前做好该类纠纷预防。对执行中发现的问题，向金融机构发出司法建议，必要时会同金融管理部门约谈金融机构负责人，建议限期予以改进，提请纪律检查部门跟踪落实；建议严把发卡授信关口，充分、全面提示信用卡违约风险，引导持卡人理性、合理消费；建议金融机构诉前、执前与持卡人积极协商，对有履行意愿但暂时履行能力不足的持卡人，灵活利用债务分期展期、利息减免等方式，鼓励、引导持卡人主动还款，避免后续诉讼、执行造成各方诉累；建议强化财产保全，促使债务人主动履行义务；建议引入社会调解组织深度参与诉前、执前和解，力争将纠纷化解在执行之前。常州构建"法院+金融机构"良性互动机制，不定期召开联席会议，反馈涉金融执行案件中的问题和难点，加强金融风险源头预防，形成区域性、系统性金融风险防范预警。

（二）工作亮点

苏州工业园区人民法院建成"金融立审执平台"，实现信用卡案件立案、审判、执行线上操作，发挥无纸化办案优势，提高执行效率：一是实行线上立案，立案信息由外网端导入，法院仅需审核是否准确即可，所有申请材料电子化上传，采用类案批量化操作；二是一键式生成结案文书，简化办案流程；三是实现无纸化一键转档，减轻归档压力，节约时间成本，提高工作效率。

三、信用卡案件执行中面临的困难及成因

调研发现，信用卡案件执行中面临一些现实困难和问题，需要引起重视。

（一）案件集中化，办案压力大

信用卡执行案件虽然总量不大，但因案件较为集中、办案压力大而引发关注。一是诉讼、执行较为集中。发卡银行催收手段有限，经电话催收无果后，为集中清卡而将案件批量委托律师事务所提起批量诉讼，为核销坏账而将案件批量移送执行，批次数量大。集中诉讼、集中执行的清卡模式，加剧了司法资源紧张。二是管辖法院较为集中。信用卡执行案件属于金融类案件，集中分布于金融机构较密集的区域或金融中心，通常由金融机构所在地的少数几个基层法院管辖，案件高度集中化。如南京建邺区法院（立案执行1118件）、秦淮区法院（立案执行3350件）、鼓楼区法院（立案执行1212件）、玄武区法院（立案执行2128件），在南京地区立案执行案件中合计占比为90%；无锡梁溪区法院（立案执行1101件）、滨湖区法院（立案执行801件），在无锡地区立案执行案件中合计占比为75.75%。

剖析引发信用卡纠纷乃至涉诉、涉执的根源，银行和持卡人两方面皆有原因，主要包括：第一，申领审核不规范。随着金融业竞争加剧，有的银行为拓展客户资源，重推销、广撒网、轻审核、弱监管，降低申领门槛，放松审查尺度，对申领人的资信状况、还款能力、工作情况等审查流于形式，未严格按照有关规定和标准执行；有的银行将奖金与开卡数量挂钩，盲目追求开卡数量，片面追求开卡指标，致使一些还款能力弱甚至无业人员等资信较差的人，也能申领信用卡，滥发信用卡为信用卡纠纷高发及执行困难埋下隐患。第二，风控机制不严密。有的银行信贷审批不严格，授信额度远超持卡人还款能力。银行之间缺乏信息共享，不同银行间的授信互相不叠加，申领人可办理多张信用卡获得高额授信额度，增加了违约风险。银行对资金用途缺乏有效监管，有的用卡人套现后进行高风险投资，特别在资金紧张时，进一步违规透支套现，"办新卡还旧卡""以卡养卡"。有的持卡人在用卡过程中已有多次逾期行为，银行为赚取高额利息、手续费等，同意其展期、分期履行、使用备用金等，未采取停止使用、降低额度等措施，导致拖欠金额越来越大，甚至利息高于本金。第三，风险认识不充分。一些中青年用卡人缺乏良好的消费习惯和法律意识，追求超前消费、过度奢侈消费，远超其还款能力，直到银行发出催款通知方知已无力偿还。一些持卡人抱侥幸心理，只知透支使用的便利，不知逾期还款的责任，甚至不知银行可通过法院来执行。

（二）被执行人难联系，强制措施难实施

调研发现，全省法院信用卡案件审理时，被告缺席占比高达65.03%，因其不知起诉、裁判情况，影响当场履行及判后自动履行，大量案件进入执行。而且，执行中无法联系到被执行人占比高达七成，实际送达难，强制措施实施难，造成已结案件中拘留占比仅为0.58%、拘传占比仅为7.16%，强制措施尚未发挥应有效用。

研判其原因，主要包括：第一，信息采集不科学。有的银行采集信息时对申领人提供的居住地址和联系方式以及其他联系人信息疏于核查，留存信息不详细、不准确，甚至存在虚假地址、虚假联系方式和假冒签名，造成材料送达难和持卡人联系难。第二，人员流动性强。调研发现，被执行人住所地在本市（设区市）辖区范围外的案件数占比34.62%，即，被执行人中有三成以上为外来务工人员，无固定工作和固定住所，合同约定地址为租住地或务工单位，因人员流动及涉诉、涉执后逃避债务等原因，难以联系。即使被执行人在本地，由于外出工作等原因常常不在户籍地居住，也难以联系。即使能联系到被执行人，但往往因在外地务工等原因，采取强制措施显有困难。

（三）逾期利息高，实际执结率低

调研发现，全省法院信用卡执行案件中，终本结案占比为66.79%，执行完毕仅占13.25%，实际执结率明显偏低，影响人民法院执行工作的公信力。

研判其原因，主要包括：第一，逾期利息高，放弃利息难。信用卡申领合同为格式合同，内容多、字体小，持卡人申领信用卡时未认真阅读条款内容，盲目签字，银行工作人员出于多办卡考虑，不履行充分告知义务，以致持卡人对逾期利息、违约金、分期手续费等相关费用标准不完全理解，而信用卡逾期产生的费用由银行系统自动计算且费用过高，加之银行集中起诉、集中执行及持卡人逃避债务等原因，往往不能及时清结，孳息日积月累甚至远超本金，持卡人有抵触情绪，往往只愿偿还本金。而对于减免欠款请求，有的银行可减免本金，有的银行仅可减免利息、违约金，有的银行囿于权限无法减免，或减免需要层层上报审批，缺乏灵活性，执行和解比例不高，即使本金执行到位，因银行不放弃罚息、迟延利息等，仍然只能以终本结案。第二，人员流动性强，执行难度大。如前所述，被执行人中有三成以上为外地人，工作更换频繁，流动性较强，分布范围广，即使户籍地在本地，由于外出工作等原因，不在户籍地居住，从审理阶段就下落不明，无法联系借款人，导致执行中文书送达难，财产线索找寻难，被执行人下落摸排难。第三，履行能力弱，法律风险意识差。信用卡因单纯授信放贷，无抵押、无担保，成为无稳定收入群体的青睐对象。一些用卡人同时在几家银行存在信用卡案件，甚至涉及网络贷款等其他债务，经济状况差、履行能力弱，导致终本比例较高。第四，执行标的较小，执行参与度低。信用卡案件由于个案标的小，银行往往重视不够，执行参与度不高。诉讼中，不申请财产保全，执行中无保全财产可处置。执行中，对查找被执行人下落、提供财产线索不积极，对悬赏执行、新闻曝光积极性不高。有的银行为了应付内部考核，申请执行往往只是为了求得终本裁定书，即使有财产也不要求处置，以便尽快完成内部核销。同时，由于案件标的小，即使查明有不动产、车辆等财产，银行往往虑及处置时间长而申请终本。同时，在"案小财大"情形下，有的法院对财产处置积极性不高。

四、综合治理信用卡执行案件的路径探寻

针对调研发现的问题，应当坚持问题导向，坚持靶向施治，采取务

实有效举措，加强信用卡执行案件的综合治理、源头治理，切实压降案件数量，有效提升执行质量、效率、效果。

（一）加强风险防控，切实减费降息

第一，强化规范运营。银行方面应当提升信用卡运营管理水平，规范运营信用卡产品，严把申领标准，强化发卡审核，加强申领人征信情况及经济能力的审查。根据申领人资信状况，严格审批信用额度，抑制过度授信，核查失信被执行人名单库和限制消费名单库，杜绝违规授信给失信被执行人或限制消费人。对申请额度较大的办卡人，应当由办卡人单位出具收入证明、提供保证人等，确保"放得出去、收得回来"。合同签字过程应当录音录像，杜绝假冒签名及合同代签。完善申请资料，明确确认送达地址和联系方式，强化用卡人及其他联系人的联系方式、联系地址的审核，确保申请材料真实性、完整性。详细告知申领人更换地址、联系方式应当及时告知银行以及不告知的法律风险，确保切实可用的联系方式和居住地址，便于逾期还款催收和司法送达，避免公告送达，缩短办案周期。针对微信使用广泛性的现实，增加微信送达，提高送达实效性。

第二，强化风险防范。银行应当强化风险防范意识，完善风险防范机制。明确奖惩机制，加大信贷人员监督考核力度，严肃查处违规发放信用卡行为，追究违规责任，减少不当授信带来的欠款风险。完善考核机制，强化信贷人员业务素质，提高责任心，规范职业行为，将信用卡坏账率纳入绩效考核，预防信用卡逾期风险。加强风险内控机制，发卡后定期回访持卡人，确认其地址和单位，防止因地址变更、下落不明而增添诉讼、执行负担。加强对持卡人和收单商户的交易监测，对异常交易、交叉违约的信用卡及时采取停卡、降低信用额度等应对措施。

第三，推动信息共享。银行卡风险信息共享系统是中国银联建立的包括不良持卡人、黑名单商户等重要负面信息的系统，发卡行应积极利用该系统，根据持卡人资信变化，及时采用调整额度、缩短还款期限等

-155-

方式，避免损失扩大。各家银行应及时报送不良持卡人和商户名单，健全完善信息共享机制，实现信息共享，共同防范风险。

第四，推动降息减费。因逾期还款产生的利息、违约金、滞纳金等金额较大，分、支行欠缺减免权限或者减免上报审批流程烦琐，导致信用卡案件调解率偏低，大量案件涌入执行程序。而且，对于逾期无法还款的用卡人而言，还款能力本身就弱，或者法治意识较差，甚至存在"赖账"心理，通过计收利息、罚息无法起到督促自动履行的效果，相反，只会增加自动履行以及强制执行的难度。鉴于此，建议银行降低违约计费标准，降低利息、费用的计收；对于可分期还款的，在准许分期还款的同时，减少利息、违约金等。特别是要授权分、支行减免利息、费用权限，为诉讼调解、执行和解创造空间，降低经济成本和时间成本，形成双赢、多赢、共赢。同时，法院应发挥司法裁判的规则指引作用，调整规制过高利息、费用，明确规范裁判标准，依法规范引导银行减费让利。

（二）加大刑事分流，强化法律威慑

第一，加大强制执行力度。立案后，依法及时采取限制消费措施，向被执行人所在村（社区）和单位公开曝光，灵活运用悬赏执行、新闻曝光等方式，征求执行线索，提高曝光率，倒逼主动履行。强化拘留、拘传等强制措施，加大惩戒力度，消除被执行人侥幸心理。

第二，加大刑事打击力度。刑法将信用卡恶意透支纳入刑事处罚，应当充分发挥刑罚惩罚教育功能。银行在日常监管及人民法院在案件审理中发现恶意透支行为，依法移送刑事处罚，加大打击力度，保持高压态势，强化法律威慑，减少恶意透支行为。实践证明，有相当数量案件，一旦刑事立案，被告往往会千方百计主动履行，通过刑事分流，从源头减轻执行案件压力。

（三）加强执源治理，强化自动履行

第一，加强源头治理。古人说："消未起之患、治未病之疾，医之于无事之前。"法治建设既要抓末端、治已病，更要抓前端、治未病。① 因此，对于信用卡执行案件，不仅要通过个案执行抓末端、治已病，还要延伸执行职能抓前端、治未病，强化综合治理、源头治理。一是建立健全银行、工商、银联等协作联动机制，加大虚假交易审查力度，预防信用卡恶意套现行为。二是人民法院与金融监管部门、银行建立联席会议机制，通过召开座谈会、研讨会等形式，对审、执过程中发现的信用卡管理方面的疏漏及时反馈。定期开展运行态势分析，交流工作情况，着力抓好普遍性、突出性、趋势性问题的研判，共同研究防范化解金融风险的对策措施。三是对信用卡纠纷较多的银行，主动延伸执行职能，改"就案办案"为"能动执行"，总结背后存在的共性问题，通过发出司法建议，及时反映情况并提出风险防范建议，督促其完善内控机制，建立预防机制，帮助堵塞管理漏洞，防范化解风险隐患，变"事后化解"为"提前预防"，促使大量纠纷化解于无形，达到"执行一案、治理一片"效果，从源头上防范金融风险。

　　第二，深化多元解纷。一是主动融入党委领导的社会治理体系，与金融监管部门、行业协会、调解组织加强协作配合，深入推进矛盾纠纷源头治理机制建设，广泛吸收各方解纷力量，推动矛盾化解从终端解决向源头防控延伸，争取信用卡纠纷诉前化解。二是坚持将非诉纠纷解决机制挺在前面，完善纠纷替代解决机制，组建由银行、律所等机构参与的专业调解平台，通过专业化调解，使信用卡纠纷化解于诉前。推动金融纠纷调解组织建设，探索建立金融纠纷调解工作室，强化多元解纷实体化运作功能，不断提高诉前解决纠纷能力和水平。三是加强调解机构、司法机关对接合作，搭建多元解纷平台，拓宽解纷渠道，通过多途径、多层次、多种类的解纷渠道将该类纠纷在诉前解决，减少纠纷成诉数量。

　　第三，强化非诉审查。调研发现，信用卡类执行案件中执行依据为仲裁、公证文书的约占0.16%，此类案件因持卡人未自动履行而进入执

---

① 习近平总书记2020年11月16日在中央全面依法治国工作会议上的讲话。

行,将来该类非诉渠道的案件有可能会增加。为加强执源治理,人民法院可以加强仲裁、公证文书的审查,符合不予执行条件的,依法予以裁定;发现违反仲裁、公证有关规则的,向仲裁协会、司法局发送司法建议,加强行业管理,规范仲裁、公证程序。

第四,深化信息挖潜。针对信用卡案件等小微金融案件额小量大、执行终本率高的现状,避免金融机构为取得核销依据而对同一债务人进行不必要的诉讼和执行重复立案,借鉴推广温州、舟山、丽水等法院试点"预查废"机制,通过开具"预查废"证明以便金融机构以此作为不良债权核销依据,无须立案即化解金融纠纷。① 特别是借鉴推广温州中院开发"预查废"批量查询软件,其将全市法院近五年超50万条的终本案件名单收录其中,实现银行不良债务批量导入、自动核查,帮助银行完成不良债务的批量核查、核销。②

第五,加大法律宣传。按照"谁执法谁普法"工作要求,法院通过全媒体网络直播、发布典型案例、播放影视作品等形式加强信用卡案件宣传教育,提高持卡人法律意识、信用意识,引导理性消费、适度消费,做实执源治理。银行在发放信用卡时,可制作信用卡法律风险告知书,让持卡人明白恶意透支的法律责任。

第六,强化自动履行。执行的基础在审判,通过诉讼及诉前的源头治理,从根本上减少执行案件。一是加大调解力度。对能够找到被执行人的案件,在立案前引导进入诉前调解程序,加大调解力度,争取化解在诉前,避免进入后续审判、执行程序。强化判中调解,加大调解自动履行考核,争取调解时现场履行完毕,避免进入执行程序。二是强化履行指引。改进裁判文书载明内容,尝试在裁判文书中载明银行收款账号,方便被告及时还款,提升主动履行率,减少进入执行程序案件。三是强化以保促执。引导银行强化保全,利用网络执行查控系统,最大限度保

---

① 参见《浙江法院金融审判工作报告暨十大典型案例(2018年—2022年)》,载浙江省高级人民法院微信公众号"浙江天平",2023年6月14日发布。

② 参见《浙江高院首次发布〈浙江法院金融审判工作报告〉》,载浙江省高级人民法院微信公众号"浙江天平",2023年6月14日发布。

全财产，以保全倒逼用卡人主动履行，同时为后续执行打牢基础。

（四）加强法银配合，尝试多元送达

第一，强化法银合作配合。建立银行先行调查摸底机制，凡银行移送执行的信用卡案件，应当由律师或清收人员先行对财产线索、被执行人下落、联系方式调查摸底，尽量取得被执行人或其家属联系方式，形成调查清单；未进行调查摸底（未附调查清单）的，暂缓立案，待提供调查清单后予以立案。建议银行根据案件数量、标的金额等，组成工作小组或专门人员，专司收集财产线索、被执行人下落、与被执行人沟通和解等。

第二，尽力查找被执行人。执行中，应当查找信用卡领用合同中所留被执行人电话号码和紧急联络人电话号码，与被执行人或紧急联络人取得联系，上门查找被执行人及其亲属，对被执行人及其亲朋好友释明法律风险，争取主动履行或亲朋好友代为履行。利用"总对总"网络执行查控系统，及时查控被执行人账户，如账户余额不足，可将其银行账户、微信财付通、支付宝账户全部冻结，及时限制其消费，倒逼其主动联系法院，协商执行方案。在"总对总"网络执行查控系统反馈模块中，被执行人使用支付宝的，在支付宝详情里面查找被执行人联系方式。

第三，尝试多元送达。以用卡人住址、工作单位为基础，通过直接送达、EMS邮政速递、社区或村委会张贴公告及微信送达、网格协助送达等多种途径，增强送达实效。

第四，用好委托执行。对户籍地在外地的被执行人，委托当地法院前往其户籍所在地村（居）委会调查、送达，督促被执行人主动履行，动员其家属代为履行或由家属劝其主动履行。

第五，深化执行管理。对于金融机构较密集的区域或金融中心所在的少数辖区法院，由于案件高度集中化，办案压力较大。对此，上级法院应当充分发挥"三统一"管理职能，将办案压力较大法院受理的该类案件交叉指定至其他法院执行，通过调度辖区法院力量实现均衡办案，既减轻辖区法院办案压力，又能提高办理质量，切实维护好金融机构合法权益。

党的二十大报告指出，加强和完善现代金融监管，强化金融稳定保障体系，依法将各类金融活动全部纳入监管，守住不发生系统性风险底线。信用卡执行案件作为金融类执行案件的重要部分，关涉金融监管和金融稳定。我们将以本次调研发现的问题为牵引，以"公正与效率"为追求，强化信用卡执行案件的综合治理和源头治理，有效提升该类案件的执行质量、效率、效果，保障金融机构及时实现权益，防范化解金融风险，护航金融安全和金融稳定，促进执行工作高质量发展，为中国式现代化发挥有力的司法服务保障作用。

【执行管理和信息化专题】

济南法院近四年小标的额执行质效分析

季昱辰[*] 赵守鑫[**]

一、收案情况

(一)收案占比情况

济南法院在近四年新收执行案件中,申请执行标的额小于 2 万元的案件占比 30%左右,小于 5 万元的案件占比 50%左右,小于 10 万元的案件占比 65%左右。由此可见,近三分之二的执行案件均为小标的额案件,且近一半的执行案件申请执行标的额小于 5 万元。从态势上看,近三年来小标的额案件收案占比虽有下降,但整体上保持平稳,较 2019 年疫情之前均有大幅提升,因此,小标的额案件的执行质效是影响全市法院执行工作的重要因素,见表 1。

---

[*] 山东省济南市中级人民法院执行二庭二级法官助理。
[**] 山东省济南市长清区人民法院执行局干警。

表 1　2019—2022 年①济南法院小标的额案件统计

年度	案件总数（件）	申请执行标的额 2 万以下 收案数（件）	收案占比	申请执行标的额 5 万以下 收案数（件）	收案占比	申请执行标的额 10 万以下 收案数（件）	收案占比
2019	45452	12495	27.49%	19255	42.36%	25400	55.88%
2020	50646	18050	35.64%	26267	51.86%	33565	66.27%
2021	58660	18422	31.40%	28751	49.01%	37791	64.42%
2022	61688	18919	30.67%	30558	49.54%	40315	65.35%

（二）小标的额案件执行依据情况

新收小标的额案件中，济南法院仍以民事判决书为主要执行依据，且占比逐年增加，2022 年申请执行标的额 10 万以下案件中，民事判决书作为执行依据的占比已达到 63.81%；除民事判决书外，以民事调解书为执行依据的小标的额案件逐年增加，且增幅较大，以民事调解书为执行依据的申请执行标的额 10 万以下案件中，2022 年收案数（6454 件）已较 2019 年收案数（2529 件）翻了一番，此项数据的增长一方面和法院加强调解工作有关，另一方面也反映出民事调解案件的自动履行率仍需进一步提高，见表 2、表 3。

表 2　2019—2022 年济南法院申请执行标的额 5 万以下案件执行依据统计

执行依据	2019 年度 案件总数（件）	占比	2020 年度 案件总数（件）	占比	2021 年度 案件总数（件）	占比	2022 年度 案件总数（件）	占比
民事判决书	11211	58.22%	13390	50.98%	16174	56.26%	18466	60.43%
民事调解书	2029	10.54%	2909	11.07%	4424	15.39%	5140	16.82%
劳动仲裁裁决	1491	7.74%	2125	8.09%	1947	6.77%	2057	6.73%

---

① 考虑到 2020—2022 年三年间，社会经济运行和执行工作均受疫情影响较大，故增加 2019 年疫情前的数据作为调研对象，亦可体现疫情对执行质效的影响。

（续表）

执行依据	2019年度 案件总数(件)	占比	2020年度 案件总数(件)	占比	2021年度 案件总数(件)	占比	2022年度 案件总数(件)	占比
商事仲裁裁决	1368	7.10%	2244	8.54%	2575	8.96%	1663	5.44%
刑事判决、裁定、调解书	1330	6.91%	1781	6.78%	1843	6.41%	1836	6.01%
民事裁定书	129	0.67%	226	0.86%	655	2.28%	518	1.70%
行政（赔偿）判决书、裁定书、调解书	298	1.55%	214	0.81%	439	1.53%	666	2.18%
公证债权文书	29	0.15%	7	0.03%	6	0.02%	8	0.03%
其他	1370	7.12%	3371	12.83%	688	2.39%	204	0.67%

表3 2019—2022年济南法院申请执行标的额10万以下案件执行依据统计

执行依据	2019年度 案件总数(件)	占比	2020年度 案件总数(件)	占比	2021年度 案件总数(件)	占比	2022年度 案件总数(件)	占比
民事判决书	15717	61.88%	18247	54.36%	22868	60.51%	25726	63.81%
民事调解书	2529	9.96%	3373	10.05%	5549	14.68%	6454	16.01%
劳动仲裁裁决	1618	6.37%	2367	7.05%	2203	5.83%	2370	5.88%
商事仲裁裁决	1455	5.73%	2398	7.14%	2795	7.40%	1871	4.64%
刑事判决、裁定、调解书	1528	6.02%	1925	5.74%	2056	5.44%	2016	5.00%
民事裁定书	275	1.08%	273	0.81%	802	2.12%	760	1.89%
行政（赔偿）判决书、裁定书、调解书	350	1.38%	270	0.80%	578	1.53%	862	2.14%
公证债权文书	39	0.15%	17	0.05%	12	0.03%	16	0.04%
其他	1889	7.44%	4695	13.99%	928	2.46%	240	0.60%

（三）小标的额案件案由情况

从案由上分析，小标的额执行案件以借款合同、劳动争议、劳务合同、买卖合同为主要案由，且呈现出案由多样化的趋势（其他案由占比逐年提升）。从增长情况来看，一是受疫情影响，劳动合同纠纷案件近四年来收案数增加幅度较大，2022年较2019年收案数翻了近两番，该类执行案件被执行人多为中小企业，往往经营不善、濒临倒闭、资不抵债，没有履行能力，即使有固定资产、设备等可供执行，往往因为轮候查封、银行高额抵押等原因难以处置，案件较难执行；二是银行卡纠纷案件自2020年起呈井喷式增长，申请执行标的额5万元以下案件中，银行卡纠纷案件由2019年39件增长至2022年948件，增长了24.3倍。该类案件多为小额金融贷款纠纷，往往未采取保全措施，被执行人履债能力和履债意愿极低，且被执行人遍布全国各地，财产查控困难，案件绝大多数按照终本方式结案，客观上影响了实际执行到位率和执行完毕率，见表4、表5。

表4 2019—2022年济南法院申请执行标的额5万以下案件案由统计

立案案由	2019年度 案件总数(件)	占比	2020年度 案件总数(件)	占比	2021年度 案件总数(件)	占比	2022年度 案件总数(件)	占比
借款合同纠纷	5200	27.01%	6208	23.63%	6829	23.75%	6162	20.16%
劳动争议	2458	12.77%	2881	10.97%	2805	9.76%	2626	8.59%
买卖合同纠纷	1787	9.28%	2468	9.40%	2445	8.50%	2597	8.50%
合同纠纷	1159	6.02%	3064	11.66%	1951	6.79%	2363	7.73%
罚金	1152	5.98%	1549	5.90%	1559	5.42%	1662	5.44%
婚姻家庭纠纷	1299	6.75%	1068	4.07%	1264	4.40%	1132	3.70%
房屋买卖合同纠纷	545	2.83%	1516	5.77%	1363	4.74%	1146	3.75%
追偿权纠纷	545	2.83%	541	2.06%	1038	3.61%	887	2.90%

（续表）

立案案由	2019年度 案件总数(件)	占比	2020年度 案件总数(件)	占比	2021年度 案件总数(件)	占比	2022年度 案件总数(件)	占比
劳务合同纠纷	416	2.16%	554	2.11%	972	3.38%	1437	4.70%
服务合同纠纷	430	2.23%	847	3.22%	998	3.47%	1259	4.12%
租赁合同纠纷	501	2.60%	544	2.07%	821	2.86%	1008	3.30%
银行卡纠纷	39	0.20%	277	1.05%	463	1.61%	948	3.10%
其他案由	3724	19.34%	4750	18.08%	6243	21.71%	7331	23.99%

表5 2019—2022年济南法院申请执行标的额10万以下案件案由统计

立案案由	2019年度 案件总数(件)	占比	2020年度 案件总数(件)	占比	2021年度 案件总数(件)	占比	2022年度 案件总数(件)	占比
借款合同纠纷	8225	32.38%	9359	27.88%	9912	26.23%	8952	22.21%
劳动争议	2740	10.79%	3268	9.74%	3231	8.55%	3117	7.73%
买卖合同纠纷	2422	9.54%	3000	8.94%	3124	8.27%	3390	8.41%
合同纠纷	1533	6.04%	3326	9.91%	2641	6.99%	3052	7.57%
罚金	1300	5.12%	1651	4.92%	1733	4.59%	1805	4.48%
婚姻家庭纠纷	1405	5.53%	1152	3.43%	1400	3.70%	1255	3.11%
房屋买卖合同纠纷	635	2.50%	1749	5.21%	1500	3.97%	1448	3.59%
追偿权纠纷	823	3.24%	902	2.69%	1518	4.02%	1204	2.99%
劳务合同纠纷	480	1.89%	644	1.92%	1152	3.05%	1678	4.16%
服务合同纠纷	462	1.82%	860	2.56%	1043	2.76%	1363	3.38%
租赁合同纠纷	695	2.74%	724	2.16%	1077	2.85%	1258	3.12%
银行卡纠纷	115	0.45%	808	2.41%	1416	3.75%	2035	5.05%
其他案由	4565	17.97%	6122	18.24%	8044	21.29%	9758	24.20%

二、结案情况

(一) 执行完毕情况

执行完毕案件多以小标的额案件为主,仅2万元以下的执行完毕案件已经占到全部执行完毕案件的一半以上,且申请执行标的额越小,执行完毕率越高,2万元以下执行案件执行完毕率可达到50%左右,随着执行标的额的增大,执行完毕率逐渐下降,10万元以下执行案件执行完毕率已不足40%,与全部案件执行完毕率相差亦不足10%,由此可以得出,提高整体执行完毕率,必须要在小标的额案件上下足功夫,见表6。

表6　2019—2022年济南法院小标的额案件执行完毕统计

年度	执行完毕数（件）	执行完毕率	2万元以下 执行完毕数（件）	执行完毕率	5万元以下 执行完毕数（件）	执行完毕率	10万元以下 执行完毕数（件）	执行完毕率
2019	17174	33.63%	7622	57.18%	9924	47.57%	11292	40.68%
2020	16162	29.34%	9210	49.00%	12005	43.43%	13346	37.53%
2021	15860	25.83%	8921	46.97%	11425	38.49%	12845	32.87%
2022	16044	22.95%	8229	39.76%	10682	31.75%	12405	27.75%

(二) 终本情况

小标的额案件终本率相比所有案件终本率较低,但10万元以下案件终本率与所有案件终本率相差不大,且呈正比。10万元以下案件终本案件数占所有终本案件数不足50%,可以看出终本案件多集中在大标的额案件中,故而小标的额案件的终本率虽然仍有下降空间,但降低终本率的关键在于大标的额案件,见表7。

表7 2019—2022年济南法院小标的额案件执行终本统计

年度	终本数（件）	终本率	2万元以下 终本数（件）	终本率	5万元以下 终本数（件）	终本率	10万元以下 终本数（件）	终本率
2019	21926	42.94%	3136	23.52%	6496	31.14%	10272	37.01%
2020	25678	46.62%	4912	26.13%	8915	32.25%	13683	38.48%
2021	24964	40.66%	5241	27.60%	10033	33.80%	14600	37.36%
2022	35829	51.26%	8048	38.89%	15459	45.94%	21956	49.12%

三、意见建议

一是强化审执互通。加强执行和审判工作对接沟通，将确认送达地址、告知自动履行、送达执行通知等部分执行事项进行前置，加强财产保全，尤其是劳动争议等案件，"以保促执"，提高执行完毕率和到位率；定期组织对执行不能案件分析交流，提高审判法官在案件诉前、立案、审理阶段督促当事人自动履行意识，尤其是针对民事调解案件，应运用调解违约担保条款督促自动履行，同时增加对民事调解书自动履行率的考核，从而减少民事调解书进入执行的数量；加强诉源治理、执源治理工作，尤其对于小额金融贷款、信用卡纠纷等案件，提醒金融机构增强风险防控意识，规范贷款、信用卡发放流程，从源头减少此类纠纷的发生。

二是强化执行措施。仅三年来疫情封控、病毒感染、政策要求高等方面的原因，不仅给线下财产调查带来了障碍，更对拘留、拘传等措施的适用产生了极大的影响，2022年全年拘留人数未超过40人，拘传次数比2018年下降近30%，难以形成对被执行人的严厉震慑，这在很大程度上影响了小标的额案件的执行质效。要以小标的额案件为重点，定期开展集中执行行动，依法用足用全拘留、拘传、搜查、罚款、追究拒执罪等措施，集中发布一批悬赏令，对被执行人形成严厉震慑，迫使被执行人履行生效法律文书确定的义务，进一步提升案件执行完毕率和实际执行到位率。

三是强化财产查控。加快推进"机动车联动控制系统"在全市法院的深度运用，同时加强警务保障，组建机动车联动控制快速反应小组，形成协同高效、良性互动的运行机制；推进建立"网格+执行"工作模式，适时将协助执行工作纳入全市基层社会治安综合治理网格化管理体系，积极协调市委政法委对全市两级法院开放"社会治理数字化平台"，实现对我市居民网格登记信息的查询；建议最高人民法院能够与淘宝、京东等网络平台建立合作协议，由网络平台提供被执行人的最新收货地址，以便解决被执行人难找这一难题。

四是强化执行和解。针对劳务合同纠纷、租赁合同纠纷、银行卡纠纷、借款合同纠纷等，被执行人多为困难中小微企业和失业青年，确有资金困难，很多被执行人迫于执行威慑借新还旧，又会产生新的债务，衍生新的诉讼和执行案件，并不能从根本上解决纠纷和矛盾。因此要加大执行和解力度，促使当事人达成分期履行协议，或通过让渡部分权益等形式，最终实现执行案件的真正化解。

【最高人民法院案例与解析】

邓某、邓某某、许某某与兴铁一号产业投资基金（有限合伙）等执行复议案
——人身理财产品强制执行的法律适用

张丽洁[*]

【裁判要旨】

由于我国法律及司法解释对人身保险合同财产性权益的可执行性未作明确的规定，致使理论界和司法实务界对此一直存在较大的争议。本案通过对保险法及相关司法解释关于保费、保单现金价值以及"介入权"规则的理论分析，结合民法典人格权保护的精神，认为对于被执行人购买的人身保险合同中的财产权益部分可以强制执行，但是要对人身保险合同所涉及的公共利益与私人利益、债权人利益与被保险人利益、强制执行权与民事权利保障等议题加以考量，充分保障被保险人及受益人的合法权益，对现金价值极低的纯人身保险理财产品则应当豁免执行。

【案件基本信息】

1. 诉讼当事人

复议申请人（被执行人）：邓某

---

[*] 最高人民法院执行局三级高级法官。

-169-

申请执行人：兴铁一号产业投资基金（有限合伙）（以下简称兴铁一号）

申请执行人：兴铁二号产业投资基金（有限合伙）（以下简称兴铁二号）

被执行人：成都亲华科技有限公司（以下简称亲华科技）

被执行人：邓某某

被执行人：许某某

2. 案件索引与裁判日期

执行异议：江西省高级人民法院（2019）赣执异 26 号裁定（2019 年 10 月 8 日）

执行复议：最高人民法院（2020）最高法执复 71 号裁定（2020 年 7 月 27 日）

3. 案由

合伙企业财产份额转让

【案情】

兴铁一号、兴铁二号与亲华科技、邓某某、邓某、许某某合伙企业财产份额转让纠纷案，江西省高级人民法院（以下简称江西高院）作出（2018）赣民初 113 号民事判决判令：亲华科技于该判决生效后十日内向兴铁一号、兴铁二号支付份额转让款 5421.047 万元及违约金 107.9832 万元、律师费 21 万元等，邓某某、邓某、许某某对上述债务承担连带清偿责任。亲华科技不服提出上诉，最高人民法院以（2019）最高法民终 474 号民事裁定，按亲华科技自动撤回上诉处理。本案进入执行程序后，江西高院冻结并扣划许某某在中国人寿保险股份有限公司四川分公司购买的人身保险产品的现金价值、红利及利息等财产性权益。

邓某向江西高院提出执行异议称，江西高院在执行过程中直接扣划保险产品的现金价值，侵害了邓某或者邓某同意的其他人向申请执行人支付保险产品现金价值款项并受让保险产品的合法权益。江西高院认为，依照《最高人民法院关于人民法院民事执行中查封、扣押、冻结财产的规定》（法释〔2004〕15 号，下同）第 2 条第 1 款、《最高人民法院关于人民法院民事执行中拍卖、变卖财产的规定》（法释〔2004〕14号）第1条的规定，人民法院可以查封、扣押、冻结被执行人占有的动产、登记在被执行人名下的不动产、特定动产及其他财产权，并有权对该被控制的财产及时采取执行措施。本案中，被执行人购买的人身保险合同，约定了保险事故发生及支付保险金之前投保人申请解除合同时，该保险公司应当向投保人退还该保险合同所属保单的现金价值，因此，保险金给付之前，投保人许某某对该保险合同的现金价值享有请求权且在数额上具有确定性，该现金价值及利息等财产性权益构成被执行人许某某的责任财产，且依照《最高人民法院关于适用〈中华人民共和国保险法〉若干问题的解释（三）》（法释〔2015〕21号，以下简称《保险法司法解释三》）第16条第1款的规定，并不涉及被保险人邓某的合法权益，但并不属于《最高人民法院关于人民法院民事执行中查封、扣押、冻结财产的规定》第5条规定的被执行人及其扶养家属所必需的生活物品和生活费用等不得查封、扣押、冻结的财产范围，可以予以冻结和扣划。另外，依照《中华人民共和国保险法》（以下简称保险法）第15条、第47条的规定，由于该保险合同尚未发生约定的保险金支付情形，投保人许某某可以无条件解除合同，提取该保单的现金价值。因此，本案在被执行人许某某不能清偿债务，又不自行解除保险合同提取保单的现金价值等财产性权益以偿还债务的情况下，该院对该保单的现金价值及利息等财产性权益予以冻结并强制扣划，该执行行为具有替代被执行人许某某对其所享有的财产权益进行强制处置以偿还其所欠债务的行为的法律性质，符合法律规定，对于因保险合同解除产生的损失应自行承担。至于邓某关于要求允许经保险产品的被保险人、受益人或被保险人同意的其他人，向本案申请执行人支付相当于保险产品现金价值的金额后解除对本案保单的冻结和扣划，并将保险产品的投保人变更为支付相当于保险产品的现金价值金额的人员的请求，在本案异议审查阶段执行双方当事人并未达成和解协议，该请求缺乏事实和法律依据。故裁定驳回邓某的异议请求。

邓某不服执行异议裁定,向最高人民法院申请复议,请求撤销异议裁定,解除对本案人身保险产品的强制执行措施,支持其复议请求。

本院查明事实与江西高院查明事实一致。

【案件焦点】

本案争议焦点问题:一是能否强制执行本案人身保险产品的现金价值;二是对人身保险产品的现金价值应如何执行。

【裁判】

一、关于能否强制执行本案人身保险产品的现金价值问题

最高人民法院经审理认为:民事诉讼法(2017年修正,下同)第241条规定,被执行人未按执行通知履行法律文书确定的义务,应当报告当前以及收到执行通知之日前一年的财产情况。《最高人民法院关于适用〈中华人民共和国民事诉讼法〉执行程序若干问题的解释》(法释〔2008〕13号)第32条规定,被执行人财产报告义务的对象包括"债权、股权、投资权益、基金、知识产权等财产性权利"。《最高人民法院关于人民法院民事执行中查封、扣押、冻结财产的规定》第2条第1款规定,人民法院可以查封、扣押、冻结登记在被执行人名下的不动产、特定动产及其他财产权。商业保险产品属于前述法律规定的其他财产权利的范围。意外伤害、残疾保障类人身保险产品虽然具有一定的人身保障功能,但其根本目的和功能是经济补偿,其本质上属于一项财产性权益,具有一定的储蓄性和有价性,除民事诉讼法第244条及《最高人民法院关于人民法院民事执行中查封、扣押、冻结财产的规定》第5条规定的被执行人及其所扶养家属的生活必需品等豁免财产外,人民法院有权对该项财产利益进行强制执行。人身保险的保单现金价值系投保人支付的,为了支付后年度风险之用的费用,与保险事项发生后,保险公司应当支付的保险金不同,并不具有人身依附性的专属性,也不是被执行

人及其所扶养家属所必需的生活物品和生活费用。根据许某某与中国人寿保险股份有限公司四川分公司签订的国寿乐行宝两全保险和国寿附加乐行宝意外伤害住院定额给付医疗险保险合同的内容，以及保险法第15条的规定，在保险金给付之前，投保人许某某对该保险现金价值享有确定的物权所有权。江西高院对该保单的现金价值及利息等财产性权益予以冻结并强制扣划并无不当。

二、对人身保险产品的现金价值应如何执行的问题

江西高院（2019）赣执47号之四协助执行通知书，要求中国人寿保险股份有限公司四川分公司协助的内容是：冻结被执行人许某某及邓某名下的保险产品的现金价值、红利及利息等财产性权益，并将上述两项财产性权益用现金转账形式扣划至该院。首先，人民法院可以强制解除保险合同。根据《最高人民法院关于限制被执行人高消费及有关消费的若干规定》第3条第1款第8项关于被执行人为自然人的，不得支付高额保费购买保险理财产品的规定精神，如被执行人拒不执行生效法律文书确定的义务，在其可以单方面行使保险合同解除权而未行使，致使债权人的债权得不到清偿，人民法院在此情形下可以强制被执行人予以行使，代替投保人行使解除强制所购的保险合同。其次，由于江西高院执行裁定未明确强制要求保险公司解除保险合同，可以实现保单现金价值，投保人也可以继续与保险公司协商，由符合条件的第三人行使介入权。至于邓某提出保单的现金价值相对于本案债权等实现价值较低，难以切实有效保障债权人债权的理由。经查，许某某及邓某作为案件被执行人以投保人身份为双方购买了多份保险产品，保单现金价值的总额数万元，不属于现金价值较低的情形，且债权人强烈主张予以执行，仅以此理由不足以阻却执行，邓某该复议理由不能成立。

【评析】

债务人须以其全部合法财产权益向债权人承担清偿责任，这是各国

执行法普遍认可的原则。一般而言，除法定的债务人及其所扶养家属所必需的生活物品和生活费用等豁免财产外，其所有财产性权益均属于执行责任财产的范畴。债务人的财产权益不仅指有体物，也包括无形物及财产权利——债务人对第三人享有的债权及其他财产性权益。值得注意的是，带有财产权益性质的人身保险合同的投保人作为被执行人时，其人身保险合同项下的财产权益，尤其是保单现金价值，因囿于我国的法律及司法解释对此未作出规定，是否以及在多大限度内能够作为债务人的责任财产被强制执行成为目前理论界及司法实务界的一项重要的争议焦点。本案例认为应当从当前的争议焦点出发，基于保险法及强制执行法理论与实践的统一，找到一条有助于保障债权人的合法权益，亦不侵害人身保险合同受益人合法利益的最优路径。

一、人身保险财产权益可执行性争议

不管何种人身保险合同，其保险标的或是人的寿命，或是人的身体，亦或是兼而有之。① 正是因为人身保险合同似乎具有此种人身属性，使得无论是在理论界，还是司法实务界，对人身保险财产权益的可执行性一直存在巨大的争议，甚至是截然对立。赞成可对人身保险合同财产性权益强制执行的观点认为，人身保险合同财产性权益在本质上是一般金钱债权，不具专属性，可以作为被执行人的责任财产强制执行。特别是保单现金价值的可强制执行性得到了学界多数学者的认可。② 在司法实践中，持此观点的法院认为，保险单现金价值系基于投保人支付的保险费用产生，投保人可通过解除保险合同提取，在性质上构成投保人合法所

---

① 人身保险合同，以人的寿命或身体为保险标的的保险合同，是投保人与保险人约定当发生合同约定范围内的意外事故、意外灾害或疾病、年老等原因导致保险人死亡、伤残或丧失劳动能力，或者合同约定的期限届满时，保险人按照约定承担给付保险金责任的协议。参见范健、王建文、张莉莉：《保险法》，法律出版社2016年版，第216页。

② 持此观点的学者有史尚宽、江朝国、岳卫等学者，参见史尚宽：《民法总论》，中国政法大学出版社2000年版，第23页；江朝国：《保险法基础理论》，中国政法大学出版社2002年，第189页；岳卫：《人寿保险合同现金价值返还请求权的强制执行》，载《当代法学》2015年第1期。

有的财产权益，属于民事责任财产。[①] 反对强制执行人身保险合同财产性权益的观点认为，人身保险合同具有很强的人身权的属性，不应成为执行对象。[②] 在司法实践中，持此观点的法院认为，人寿保险合同具有很强的人身保障功能，对保单现金价值的强制执行将会危及被保险人的生存权益，因此该保单现金价值不能被强制执行。[③]

对人身保险合同财产性权益强制执行问题不应一概而论。无论哪种类型的人身保险，其权利根基均包含财产权和人身权两种权益。人身保险合同中的财产权益可因以转让、继承和放弃，可以纳入责任财产的范围。但是纯人身保障型的保险合同则不同，虽然健康和身体作为保险标的可以用金钱来计算其价值，但是消费型的重疾险、意外险对于已支付保费未"出险"的投保人，是不会返还现金价值的或者返还的现金价值极低。所以，应当辩证地看待人身保险合同财产性权益的强制执行性问题。

二、人身保险合同财产性权益强制执行的价值考量

人身保险合同涵摄了不同类型的利益主体，一般高度残疾保险金的受益人为身体高度残疾的被保险人本人，而死亡保险金的受益人则为投保人所指定的保险金受益人。在执行过程中，执行机构与债权人、保险公司、投保人、被保险人、受益人之间，都直接或间接地发生公法上或

[①] 参见山东省高级人民法院（2015）鲁执复字第108号、（2015）鲁执复字第112号及（2016）鲁执复119号案件、吉林省长春市中级人民法院（2018）吉01执复58号、广东省高级人民法院（2015）粤高法执复字第136号、河南省林州市人民法院（2016）豫0581执异26号等民事裁定书。

[②] 持此观点的学者有林刚、周庆、奎亮等学者，参见林刚《人民法院强制退保以执行投保人债务之我见》，载《上海保险》2009年第1期；周庆、奎亮《法院能否强制执行人寿保险保费》，载中国法院网，https://www.chinacourt.org/article/detail/2010/12/id/437601.shtml，2010年12月2日访问。

[③] 参见广东省高级人民法院（2015）粤高法执复字第136号、浙江省温州市中级人民法院（2014）浙温执复第36号、浙江省瑞安市人民法院（2016）浙0381执3565号、河北省石家庄中级人民法院（2015）石执审字第00070号、辽宁省锦州市中级人民法院（2017）辽07执复20号等裁定书。

者私法上的关系。在对人身保险合同财产性权益强制执行时,应考虑诸利益冲突。

(一)公共利益与私人利益相衡量

虽然普通人身保险与纯人身保险都是以人的生命和身体作为保险标的的险种,但是普通人身保险承保的是被保险人期满生存时,保险人给付的养老金、期满生存金,或者是被保险人因人体衰老的自然规律导致死亡时的死亡保险金,这些都与被保险人的年龄有密切关系。而纯人身保险承保的则是被保险人由于外来的、非本意的、突发重大疾病造成的身体伤害、残疾或者死亡的保险金,这些危险与被保险人的年龄没有关系,且只要保险金没有达到赔偿的最高限额,再发生约定疾病的,合同继续有效。

需要指出的是,人的生命的经济价值不仅仅是他本身存在的价值,还体现在他与其他生命的关系中,生命的延续都应该有利于他人,包括配偶、父母、后代等。随着癌症、罕见病等重大疾病越来越趋向于年轻化,越来越多的人开始关注和购买人身和健康保险。人身保险中的重疾险也越发体现出其补充医疗保险和解决收入损失的性质,受益人获得的保险金不仅包括治疗费,还包括大概五年内可以保持原有生活水平的子女教育、赡养父母等责任相关费用以及身故赔偿金。可以说,"人身保险,具有强烈经济保障功能,蕴藏着一定的人道主义伦理价值"。[①]

(二)债权人利益与被保险人利益相衡量

1. 禁止债权人权利滥用

执行程序设置的目的是保护债权人合法权益,确保债权如期实现。早期的强制执行程序中,债权人的意思被认为是推动执行的"源权"。国

[①] 吴庆宝:《保险诉讼原理与判例》,人民法院出版社2005年版,第388页。

家只是债权人的代理人。① 随着民事诉讼法的公法化趋势，强制执行理论中债权人意思主义开始逐渐被司法权所替代，对债权人的权利的行使也逐渐加以限制，理论界及实务界越来越认可，债权人权利行使要与被执行人或第三人的福祉相协调；例如我国民法典第 132 条明确规定禁止民事主体滥用权利损害他人合法权益，但禁止权利滥用也不能仅仅以一方利益大小为唯一的衡量标准，这样可能会发生债权人在利益小于被保险人利益的情形时无法主张其权利的弊端。② 在对保单现金价值执行的利益与保险合同继续存续时被保险人能享受的利益相比，继续履行合同对被保险人的人身及健康权益保障更大时，债权人继续要求执行保单现金价值属于权利滥用。

2. 债权实现要坚持目的与手段相适应的比例原则

强制执行程序的设立旨在实现债权人财产权益和债务人利益实现的"最大公约数"。强制执行应符合执行中变价合理以及最大利益原则。坚持比例原则也是最高人民法院在执行工作中的具体要求。即对于执行中相对于执行标的而言价值较小，但对被执行人权益影响较大的财产，不宜强制执行。③

在人身保险合同中，特别是纯人身保障产品由于保险公司的风险评估值较大，导致退保后的保单现金价值极低。以某人寿保险股份有限公司的一份意外伤害住院医疗保险为例，被执行人作为投保人每年支付金额较小（每年交 300 元，五年共计 1500 元），但被保险人获得的保障却是极高的：10 万元乘以千分之二以实际住院天数给付意外伤害住院保险金，累计住院天数可高达 1000 日，但是该种险退保后的现金价值只有几百元甚至更少，且一旦此类保险合同被强制解除，被保险人想再次投保

---

① 参见肖建国：《论民事诉讼中强制拍卖的性质和效力》，载《北京科技大学学报（社会科学版）》2004 年第 4 期。

② 参见王利明：《法律解释学》，中国人民大学出版社 2016 年版，第 113 页。

③ 2019 年 12 月公布的《最高人民法院关于在执行工作中进一步强化善意文明执行理念的意见》第 2 条规定："人民法院在执行过程中也要强化善意文明执行理念，严格规范公正保障各方当事人合法权益；要坚持比例原则，找准双方利益平衡点，避免过度执行。"

时，可能因其年龄以及健康状况不再符合保险公司的要求，而遭到拒保或者提高保费，导致这份经济保障将永久丧失，对其本人及社会弊大于利。

（三）强制执行权与民事权利保障相衡量

1. 人身保险合同解除权代位行使分析

在债务人（投保人）不主动或不同意解除合同的情况下，执行法院能否直接替代债务人向保险人行使合同解除权或撤销权，从而实现现金价值返还请求权？对此，各地法院做法不一，各地出台的规范性文件也不尽相同。例如，北京市高级人民法院认为，不得强制解除保险合同，上海市高级人民法院认为，鉴于重大疾病保险、意外伤残保险、医疗费用保险等产品人身专属性较强、保单现金价值低，但潜在可能获得的保障大，人民法院应秉承比例原则，对该类保单一般不作扣划。[①] 浙江省高级人民法院认为，一般应由投保人签署退保申请书，[②] 广东省高级人民法院认为，如果被执行人不同意退保，法院不能强制被执行人退保，[③] 江苏省高级人民法院认为，在投保人下落不明或者拒绝签署退保申请书时，人民法院可以直接要求保险公司解除保险合同，并协助扣划在保险产品

[①] 参见上海市高级人民法院于2021年11月8日与八大保险机构达成的《关于建立被执行人人身保险产品财产利益协助执行机制的会议纪要》。

[②] 浙江省高级人民法院执行局于2015年3月6日出台的《关于加强和规范对被执行人拥有的人身保险产品财产利益执行的通知》（现已失效）（浙高法执〔2015〕8号）第1条规定："投保人购买传统型、分红型、投资连接型、万能型人寿保险产品，依保单约定可获得的生存保险金、或以现金方式支付的保单红利或退保后保单的现金价值，均属于投保人、被保险人或受益人的财产权。当投保人、被保险人或受益人作为被执行人时，该财产权属于责任财产，人民法院可以执行。"第5条规定："人民法院要求保险机构协助扣划保险产品退保后可得财产利益时，一般应提供投保人签署的退保申请书。但被执行人下落不明，或者拒绝签署退保申请书的，执行法院可以向保险机构发出执行裁定书、协助执行通知书，要求协助扣划保险产品退保后可得财产利益，保险机构负有协助义务。"

[③] 《广东省高级人民法院关于执行案件法律适用疑难问题的解答意见》问题十一"被执行人的人寿保险产品具有现金价值，法院能否强制执行？"处理意见为："虽然人寿保险产品的现金价值是被执行人的，但关系人的生命价值，如果被执行人同意退保，法院可以执行保单的现金价值，如果不同意退保，法院不能强制被执行人退保。其次，如果人寿保险有指定受益人且受益人不是被执行人，依据保险法第42条的规定，保险金不作为被执行人的财产，人民法院不能执行。"

退保后可得的财产性权益。① 广州市中级人民法院认为，人身保险保单现金价值可以执行，但必须遵守谦抑原则。对重疾险、意外伤残险、医疗险原则上不予执行现金价值。② 民事强制执行法（草案）规定，被执行人的其他财产不足以清偿执行债务的，人民法院可以依法通知保险公司解除被执行人作为投保人的人身保险合同，执行其享有的现金价值债权。③ 其实，无论是由法院强制解除保险合同还是扣划保单现金价值，均会导致保险合同解除或无法继续履行。所以对人身保险合同的财产性权益采取强制处分措施时，应当尤为慎重。

2. 人身保险合同的解除权能否由债权人代位行使

代位权的客体为到期债权，具有金钱给付性和非专属于债务人人身性的特点。具体而言，首先，"合同解除权属于以财产利益为目的的形成权"④，具有金钱给付内容。其次，之所以规定"到期债权"，是为了保护合同相对方的合法权益，在未到期合同强制解除的情况下，会给合同相对方权益造成损害。但是根据保险法第15条、第47条的规定，投保人解除保险合同属于法定解除权，⑤ 且法律没有就解除权的发生设置任何限

---

① 《江苏省高级人民法院关于加强和规范被执行人所有的人寿保险产品财产性权益执行的通知》（现已失效）规定，可执行的人寿保险产品财产性权益包括"依保险合同约定可领取的生存保险金、现金红利、退保可获得的现金价值，依保险合同可确认但尚未完成支付的保险金，及其他权属明确的财产型权益"；并规定"投保人下落不明或者拒绝签署退保申请书的，人民法院可以直接向保险公司发出执行裁定书、协助执行通知书，要求保险公司解除保险合同，并协助扣划保险产品退保后的可得财产性权益，保险公司负有协助义务"。

② 参见广州市中级人民法院2023年4月19日发布的《商业保险产品财产利益执行联动机制会议纪要》。

③ 草案第159条规定："被执行人的其他财产不足以清偿执行债务的，人民法院可以依法通知保险公司解除被执行人作为投保人的人身保险合同，依据本节规定执行其享有的现金价值债权。投保人与受益人不一致的，人民法院应当告知受益人可以在指定期限内向人民法院支付相当于保单现金价值的价款，变更自己为投保人。受益人拒绝支付或者逾期未支付的，人民法院可以依法通知保险公司解除人身保险合同。"

④ 周昌昊、张长青：《论债权人代位权客体扩张及行使范围》，载《内蒙古大学学报（人文社会科学版）》2007年第1期。

⑤ 保险法第15条规定："除本法另有规定或者保险合同另有约定外，保险合同成立后，投保人可以解除合同，保险人不得解除合同。"

制,① 一旦投保人行使解除权,保险公司应在接到投保人解除合同的通知之日起的三十日内,按照合同约定退还保险单的现金价值。可以看出保单现金价值因合同相对方不具有抗辩权而具有"虽未到期但可随时到期性"。再次,解除条件成就保险合同的效力终止,是否损害受益人基于保险金的请求权问题。对此可以运用目的与手段相适应的比例原则,如果受益人举证证明该保险金是受益人唯一或绝大部分的生活保障来源,则拟应否定债权人介入保险合同行使解除权的权利,认定该现金价值返还请求权具有人身专属性,反之,则应将该现金价值视为与存款相同性质的责任财产。最后,虽然原则上代位权设立目的是保障债权而非保障诉权。但是在投保人对保险公司享有撤销权,而投保人不主张该权利,从而危及债权人债权现实时,债权人可以代投保人向保险公司行使解除权。

笔者认为,对不同类型人身保险合同的执行能否由执行机构直接替代投保人解除保险合同需要加以具体分析考量。对于投保人、被保险人及受益人非同一民事主体的人身保险合同,应当借鉴域外,采用"介入权"的方式来平衡和保护债权人、被保险人及受益人的合法权益。日本保险法为解决投保人之债权人申请人民法院强制执行保险单现金价值的问题,创设了保险金受益人介入权制度。根据日本保险法第60条第2款、第62条第1款规定,相关解除权人行使解除权的,解除效力自保险人收到通知开始后一个月开始生效,在此期间,若保险金受益人经投保人同意,向解除权人支付了如果该解除生效则保险人应当向解除权人支付的金额,并就该支付行为通知了保险人,则解除权人的解除不发生效力。② 德国保险合同法第170条规定了受益人介入制度;③ 通过这一制度分配,

---

① 例外情形是保险法第50条规定:"货物运输保险合同和运输工具航程保险合同,保险责任开始后,合同当事人不得解除合同。"
② 参见岳卫:《日本保险法的立法原则及对我国的借鉴意义》,载《当代法学》2009年第4期。
③ 德国保险合同法第170条规定:"当保险金请求权被强制扣押或强制执行,或要保人之财产开始破产程序时,记名受益人得经要保人同意,计入保险契约,取得要保人之地位。"即受益人可以经投保人同意,介入保险合同,取得投保人地位,但必须在投保人所能向保险人请求的额度内,满足执行债权人的要求。

为受益人提供了阻却解除权人解除合同的救济途径。我国经借鉴吸收域外法的"介入权"制度，在《保险法司法解释三》中规定，被保险人、受益人可以通过支付对价、赎买等方式阻断保险合同被强制解除。① 虽然与执行相关的法律中未规定执行中要如何运用"介入权"规则，但是执行中要灵活司法，参照《保险法司法解释三》关于"介入权"规定的精神，赋予被保险人、受益人行使"介入权"的权利，避免一律解除人身保险合同、机械执法、就案办案的问题。如此，既可以维持人身保险合同的继续履行，促进保险市场的健康有序发展，也可以兼顾债权人与受益人之间的合法权益，保障投保人、受益人和债权人等多方需求。

执行中允许被保险人、受益人行使"介入权"的核心有三个部分：一是对已支付保费的补偿；二是对将来保费支付的安排；三是禁止投保人继续以责任财产支付保费。只要解决了保费续缴问题，就可以解决投保人和债权人之间的利益冲突，既能够实现债权又可以继续维持保险合同的效力。需要注意的是，为保障执行效率，应当赋予执行机构对人身保险合同是否属于可以豁免执行的纯人身保险合同的形式审查权，对执行机构的形式审查结果，可以允许被保险人与受益人根据民事诉讼法（2021年修正）第234条规定提起执行异议之诉。

三、结论

第一，对于兼具人身保障和理财功能的混合型人身保险产品中涉财产增值保值的保险现金价值部分可以强制执行。这种类型保险的根本目的和功能是经济补偿，即保险单现金价值乃基于投保人支付的保费形成，系投保人合法所有的财产权益，可纳入投保人的责任财产范畴。同时，虽然混合型保险兼具人身保障属性，但是这种人身价值所占分量较少且一般对现金价值可以进行拆分。将纯人身保障权保费扣除后，剩余的现金价值部分财产权益可以被视为被执行人的责任财产。

---

① 《保险法司法解释三》第7条规定："当事人以被保险人、受益人或者他人已经代为支付保险费为由，主张投保人对应的交费义务已经履行的，人民法院应予支持。"

第二，对现金价值极低的纯人身保障型合同，应不予强制执行。纯人身保障型合同一般表现为人身意外伤害、残疾、身故、住院医疗及重疾类纯保障型、消费型保险。该类保险合同是为被保险人的身体和健康的未来风险支付的保费，故一般不"出险"所支付保费即"清零"，或有现金价值，但现金价值极低。

第三，对债权人购买多份纯人身保险的保单可以基于"保障被执行人生活必需的"立法原意下，豁免执行其中的一份，对其余保险合同，应给予被保险人及受益人行使"介入权"的机会。如果被执行人作为投保人签订了多份纯人身保险合同，可以在符合一定条件的情况下，允许为其保留一份合同。其余的纯人身保障保险合同在进行处分措施之前，执行机构应当给被保险人、受益人发出执行通知书，告知其可以限期行使"介入权"，将保险现金价值交到法院并更换为保单的投保人。逾期，法院将强制执行该保险合同的现金价值。

【地方法院案例与解析】

上海某置业有限公司申请执行上海某实业发展有限公司等执行案

——拍卖公告瑕疵的问题审视与困境纾解

蒋 宏[*] 徐毓杰[**]

【裁判要旨】

网络司法拍卖具有公开、高效、便捷的特点。司法实践中，由于对拍品现状和权利负担未能有效查明、对已知瑕疵未能充分披露是否构成拍卖公告的瑕疵的老问题亟待解决；买受人能否依据对拍品实体权益排除其他法院对拍品孳息的强制执行以及买受人如何救济的新问题亟待厘清。本案基于法律规定及相关司法解释，并结合实务操作，探索性地解决了上述问题。对今后类似案件起到了一定的指引作用。

【案号】

一审：上海市黄浦区人民法院（2014）黄浦民五（商）初字第1081号

执行（一）：上海市黄浦区人民法院（2015）黄浦执字第4011号

---

[*] 上海市高级人民法院执行局副局长兼执行局综合处处长，三级高级法官。
[**] 上海市宝山区人民法院四级法官助理。

执异：上海市黄浦区人民法院（2018）沪0101执异61号

执恢：上海市黄浦区人民法院（2018）沪0101执恢293号

执行（二）：上海市奉贤区人民法院（2013）奉执预字第2703号

执行监督：上海市高级人民法院（2021）沪执监6号

【案情】

原告上海某装潢公司诉被告上海某实业发展公司等金融借款合同纠纷一案，上海市黄浦区人民法院（以下简称黄浦法院）作出（2014）黄浦民五（商）初字第1081号生效判决。因被告不履行相关法律义务，原告上海某装潢公司向黄浦法院申请执行，案号为（2015）黄浦执字第4011号。执行过程中，上海某置业公司依法受让上述债权并向黄浦法院请求变更为本案申请执行人，案号为（2018）沪0101执异61号。

因被执行人未履行相关法律义务，申请执行人上海某置业公司申请恢复执行，要求拍卖被执行人上海某实业发展公司名下位于上海市友谊路××号20×室~22×室、30×室~32×室、40×室房屋。2019年5月22日，黄浦法院承办人至上述房屋张贴拍卖公告及拍卖裁定书。

另查，因被执行人上海某实业发展公司在上海市奉贤区人民法院（以下简称奉贤法院）有未了民事债务，故奉贤法院于2014年1月6日出具（2013）奉执预字第2703号执行裁定书、协助执行通知书扣留提取被执行人上海某实业发展公司在某银行应收的2014年至2022年的租金，共计830万元（每年度支付下一年度的租金）。某银行于2019年11月、2020年7月向奉贤法院支付两个年度的租金。

2020年4月15日，涉案房屋由黄浦法院启动网络拍卖程序，拍卖公告中载明涉案房屋"带租拍卖"，但未披露相关租金已被奉贤法院冻结并提取。买受人上海某实业有限公司于2020年6月16日竞买成功。黄浦法院于2020年8月24日裁定将房屋过户至买受人。2020年11月12日，买受人完成过户登记手续，已取得新的产权证。黄浦法院于同年12月18日向奉贤法院发函告知拍卖情况。

上海某实业有限公司向上海市高级人民法院执行局申请执行监督：一是解除奉贤法院对涉案房屋租金冻结的执行措施；二是自 2020 年 7 月至 2021 年 6 月的租金应归其所有，但上述租金已被奉贤法院强制扣划并发放。

经执行监督后，黄浦法院约谈买受人，买受人对拍卖程序没有异议，但对租金归属有异议，黄浦法院向其释明相应救济程序，即可提出异议请求撤销网络司法拍卖或者向房屋原权利人提起不当得利之诉。

同时，奉贤法院不再向承租人扣留提取 2021 年 7 月起的租金，并向承租人送达解除扣留提取租金的执行裁定书和协助执行通知书。

对于上述执行监督结果，买受人表示理解与认可。

【裁判】

本案的争议问题有如下三点：一是本案拍卖公告是否构成拍卖公告瑕疵；二是买受人能否主张排除奉贤法院的强制执行；三是买受人的权利如何救济。

一、本案拍卖公告构成拍卖公告瑕疵

根据《最高人民法院关于人民法院网络司法拍卖若干问题的规定》（以下简称《网拍规定》）第 12 条第 2 款、第 14 条规定，拍卖财产已知瑕疵与权利负担系拍卖公告与特别提示的重要内容。"带租拍卖"中涉及的用益物权系典型的权利负担。执行法院应当对拍卖财产进行详细的调查，涉案房屋租金系法定孳息，其被冻结、提取的信息属于涉案房屋的重要信息，且执行法院对此信息已经掌握，属于已知权利负担，应当通过拍卖公告予以公示而未公示，故构成拍卖公告的严重瑕疵。

二、买受人能够主张排除奉贤法院的强制执行

根据《最高人民法院关于人民法院民事执行中查封、扣押、冻结财产的规定》（法释〔2004〕15 号）第 28 条规定，涉案房屋所有权已通过司法拍卖的形式转移至买受人名下，未到期的租金不归属于被执行人，故奉贤法院应解除对涉案房屋租金的冻结措施，即下一年度的租金（自 2021 年 7 月起）应归买受人所有，但对于已提取并发放的租金（2020 年 7 月至 2021 年 6 月），买受人无权向奉贤法院主张。

三、买受人可以提出撤拍申请或者提起不当得利之诉

根据《网拍规定》第 31 条第 1 项、第 32 条规定，拍卖公告构成严重瑕疵的，利害关系人等可提出异议请求撤销网络司法拍卖，同时本案网络司法拍卖被法院撤销后，利害关系人等认为人民法院拍卖行为违法致使其合法权益受损的，可以依法申请国家赔偿。如果买受人不申请撤拍，买受人可向被执行人（房屋原权利人）提起不当得利之诉。

【评析】

网络司法拍卖是人民法院破解"执行难"的创新性举措，是"互联网+"思维的应用，是智慧法院建设中重要一环。其中，涉不动产网拍具有单品价值高、溢价率高、成交量占比大、多方利益交织的特点，故一跃成为当事人与社会大众关注的焦点。但随之而来诸多问题日渐增多，比较突出的是因拍卖公告引发争议的问题，如拍卖公告记载"法院不负责清场"导致成交后交付困难；记载"按现状拍卖"导致买受人对房屋的性质、责任承受范围、交易税金承担等关键信息产生争议。此类问题若处理不好，不仅损害当事人合法权益，而且极易受到媒体的高度关注，甚至出现舆情风险。要解决上述问题，就要明确和界定拍卖公告瑕疵是什么；当事人诉求是什么；当公告出现严重瑕疵后，当事人权利如何救济。

一、关于拍卖公告瑕疵如何认定的问题

拍卖公告属于拍卖的表示阶段，是指拍卖人对于委托拍卖的物品和

财产权利，按照法律规定在媒体上对公众发布的通告。① 本案中，执行法院虽然在拍卖公告及特别提示中对涉案房屋占有情况、承租人、租赁期限、租金及支付方式予以披露，但对于租金被其他法院冻结、提取的信息未予以披露是否可认定为拍卖公告瑕疵的问题。目前实践中有两种观点，第一种观点认为，执行法院只是根据生效法律文书对执行标的强制执行，执行法院对拍卖房屋仅能作形式审查，房屋的内部瑕疵与权利负担状况很难完全查明，本案已公告涉案房屋有关租赁的大部分信息，故不构成拍卖公告瑕疵。第二种观点认为，拍卖公告应当包括拍卖标的已知权利负担，执行法院应当通过拍卖公告予以披露而未披露的，构成拍卖公告的瑕疵。

笔者赞同第二种观点。针对拍卖标的物上附着的用益物权、担保物权等案外人享有的权利，执行法院不仅需要进行形式审查，更需要进行实质审查，对于已知的权利负担，应当通过拍卖公告予以公示而未公示的，构成拍卖公告的严重瑕疵。理由如下：

首先，按照公告内容分类，拍卖公告应当记载物的瑕疵、权利负担、其他事项的内容。物的瑕疵是指拍卖标的物因为表面或隐蔽瑕疵导致价值减少、效用降低、品质减弱。权利负担是指拍卖标的物因附有用益物权、税费负担等案外人享有的合法权利，按照"承受主义"原则，原有的案外人合法权利不因拍卖而消灭，买受人在取得所有权后应当视为同意承受既有的法律关系，比如"买卖不破租赁""居住权不因转让而消灭"。其他事项是指除了物的瑕疵、权利负担以外应当公示的重要信息。比如，竞买人的主体资格、竞拍规则、评估报告、法律文书、起拍价、保证金等重要信息，具体分类见图1。

以上三类内容如果存在应公示而未公示的情形，应当认定相应的公示条款存在瑕疵。结合本案来看，执行法院对于相关租金冻扣的信息应披露而未披露，属于权利负担公示条款的瑕疵。

---

① 参见江必新、刘贵祥主编：《最高人民法院关于人民法院网络司法拍卖若干问题的规定理解与适用》，人民法院出版社2017年版，第167页。

```
拍卖公告 ─┬─ 物的瑕疵
         ├─ 权利负担
         └─ 其他事项
```

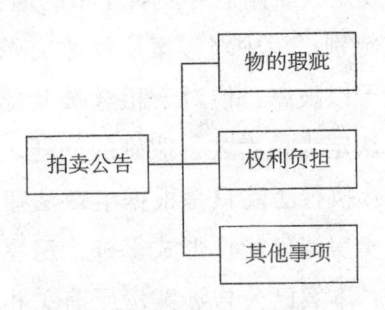

图1　拍卖公告内容分类

其次，如果仅仅按照内容分类，不能够确认本次司法拍卖的效力（是否满足撤拍条件），故需要重新分类，即按照瑕疵程度，将拍卖公告瑕疵可分为严重瑕疵、一般瑕疵。严重瑕疵是指拍卖标的物展示和瑕疵说明严重失实，造成重大误解，导致购买目的无法实现。具体情形有"应当记载的信息而不记载""记载不完整""错误记载"。比如，"一切税费均由买受人承担""法院不负责清场"就是典型的错误记载。一般瑕疵是指拍卖标的物展示和瑕疵说明存在程序性瑕疵，但不构成严重失实，不足以造成重大误解，不影响竞买人的购买目的。比如拍卖公告没有列明拍卖车辆的违章次数，虽然公告内容与实际情况有一定差别，但对实际成交价、使用价值并不造成实际影响，具体分类见图2。

```
拍卖公告瑕疵 ─┬─ 一般瑕疵
             └─ 严重瑕疵
```

图2　拍卖公告瑕疵分类

网络司法拍卖的整个过程通过第三方网络平台完成，具有虚拟性。竞买人或潜在竞买人了解拍卖标的物只能通过拍卖公告，拍品的瑕疵公示条款系拍卖公告重要内容，拍卖公告应当充分公示拍品的瑕疵。充分公示的主要目的在于通过赋予人民法院强制信息披露职责来消除信息不对称，杜绝信息优势方利用其优势地位进行机会主义行为使买受人利益受损。对竞买人的权利义务有实质影响的重要事项应当通过拍卖公告进行公示，这是网络司法拍卖的必经程序。[①] 本案系"带租拍卖"，该权利负担应由买受人承受，涉案房屋租赁情况包含租金冻结提取情况均对拍卖成交与否、成交价格多少有着重大影响，人民法院应当对该权利负担情况予以公示及特别提示，使竞买人知晓拍品租赁情况并决定是否购买或以何价格购买，而执行法院却未对上述重要信息予以公示，故构成拍卖公告的严重瑕疵。

最后，根据《网拍规定》第15条规定，法院已按规定要求予以信息公示及特别提示，且在拍卖公告中声明不能保证拍卖财产真伪或者品质的，不承担瑕疵担保责任。本案中，执行法院于拍卖前已知晓涉案房屋租金被其他法院冻扣的重要信息，该信息不属于因客观原因无法取得的范畴，不适用《网拍规定》第15条，故执行法院的瑕疵担保责任不能免除。

二、关于买受人能否依据对涉案房屋实体权利排除奉贤法院强制执行租金的问题

根据《网拍规定》第22条第2款规定："拍卖财产所有权自拍卖成交裁定送达买受人时转移。"本案中，涉案房屋拍卖成交裁定于2020年8月送达至买受人，并于2020年11月交付买受人。买受人取得涉案房屋后，以所有权人及租赁合同承受主体身份，向人民法院主张解除租金的冻结行为及自2020年7月后的租金，该主张能否得到支持，可以归纳为买受人能否依据对涉案房屋实体权利排除奉贤法院强制执行的问题。目前有三种观点，第一种观点认为，民法典第630条明确规定了标的物孳息归属，即涉案房屋在交付买受人后，租金作为标的物的法定孳息，亦

[①] 参见饶群：《网络司法拍卖公告瑕疵的规制与救济》，载《人民司法》2018年第22期。

应归属于买受人，故奉贤法院应当解除对租金的冻结措施，涉案房屋交付后即 2020 年 11 月起的租金应当归买受人所有。第二种观点认为，奉贤法院于 2014 年裁定冻结、提取涉案房屋的是整个租赁期间内全部租金收入，由奉贤法院每年向承租人提取下一年度租金，该裁定合法有效且发生于拍卖成交裁定之前，故奉贤法院查扣租金的裁定效力应及于租赁期届满。因拍卖公告的瑕疵，买受人不知晓租金已被奉贤法院查扣的重要事实，但并不因此能够对抗该查扣租金的执行行为，奉贤法院应继续冻结并提取下一年度的租金直至租赁期届满。第三种观点认为，根据《最高人民法院关于人民法院民事执行中查封、扣押、冻结财产的规定》第 28 条规定，涉案房屋所有权已通过司法拍卖的形式转移至买受人名下，未到期的租金不归属于被执行人，故奉贤法院应解除对涉案房屋租金的冻结措施，即下一年度的租金（自 2021 年 7 月起）应归买受人所有，但对于已提取并发放的租金（2020 年 7 月至 2021 年 6 月），买受人无权向奉贤法院主张。

笔者赞同第三种观点。债务人原则上以其全部财产为全部债务的履行提供一般担保，为全部债务的履行提供一般担保的财产就是所谓的"责任财产"。[①] 对于普通金钱债权的强制执行，在针对特定财产采取执行措施之前，执行法院需要先行判断该财产是否属于责任财产。[②] 所以，如何确定被执行人责任财产系解答该问题的关键，具体分析如下。

首先，根据民法典第 229 条及《最高人民法院关于适用〈中华人民共和国民法典〉物权编的解释（一）》第 7 条规定，涉案房屋的物权变动类型属于非基于法律行为的物权变动，即买受人取得涉案房屋的物权不以登记为物权变动的手段，而是以法律文书为公示手段。本案中，拍卖成交裁定送达之日即涉案房屋发生物权变动之日，从该日起，涉案房屋便不属于被执行人的责任财产。

[①] 王泽鉴：《债法原理》，北京大学出版社 2013 年版，第 76 页。
[②] 参见黄忠顺：《案外人排除强制执行请求的司法审查模式选择》，载《法学》2020 年第 10 期。

其次，根据《最高人民法院关于适用〈中华人民共和国民事诉讼法〉的解释》第501条第1款规定，被执行人对第三人的债权是否属于被执行人的责任财产，应以"到期"为前提。根据通说观点，租金可看作被执行人对第三人的债权，同理，租金是否属于被执行人的责任财产，应以"到期"为前提。本案中，租赁合同约定租金支付方式为"先付后租"，虽然奉贤法院于2020年7月提取的系下一年度（2020年7月至2021年6月）租金，但仍属于被执行人对第三人的"到期"债权，且该提取租金裁定、发放执行款均早于拍卖成交裁定。故2020年7月至2021年6月租金属于被执行人的责任财产。

最后，如前文所述，本案拍卖系"带租拍卖"，买受人需代替被执行人承继租赁合同中出租人的权利义务，根据合同的相对性，被执行人不再具有向承租人请求支付租金的权利，故自2021年7月起租金不属于被执行人的责任财产，以上分析见图3。

图3 责任财产归属

三、关于买受人权利如何救济的问题

买受人通过网络司法拍卖的方式获得拍品的所有权，其权利最容易因无相关救济而受到损害。本案买受人因拍卖公告的瑕疵导致其权益受损是一个不争的事实，买受人权利如何救济更是一个值得关注的问题，它不仅关系网络司法拍卖可持续性发展更关系司法公信力的良性提升。

目前司法拍卖的救济制度框架已建立，但对于买受人权利救济制度有待完善和细化，故笔者依据现有的法律法规，分析如下。

首先，根据《网拍规定》第31条第1项规定，由于拍卖财产的文字说明、瑕疵说明等严重失实，导致买受人产生重大误解，购买目的无法实现的，买受人可以提出异议请求撤销网络司法拍卖。因本案买受人未主张撤销拍卖，故笔者在此不作赘述。需要说明的是，当拍卖公告未违反效力性强制性规定的情形时，买受人未提出撤拍请求的，人民法院不宜依职权撤拍。

其次，根据《网拍规定》第32条规定，网络司法拍卖被法院撤销后，利害关系人等认为人民法院拍卖行为违法致使其合法权益受损的，可以依法申请国家赔偿。因本案拍卖未被撤销，司法拍卖仍然有效，根据现有法律法规，买受人不可申请国家赔偿。

最后，买受人可向房屋原权利人主张不当得利。不当得利的构成要件：一是一方获得利益。即原权利人作为奉贤法院执行案件的被执行人，2020年7月至2021年6月租金作为其责任财产，使得其财产积极增加。二是他方受到损失。即买受人作为涉案房屋的所有权人未收取到2020年7月至2021年6月租金，造成买受人财产减少，见图4。三是获得利益与受到损失之间具有因果关系。该因果关系以取得利益和受到损失之间的牵连关系为基础。所谓牵连关系，是指取得利益和受到损失的原因事实之间具有关联性。原权利人基于租赁合同约定"先付后租"才能够使责任财产增加，买受人因承继租赁合同出租人的地位有权收取租金而未能收取，原权利人取得利益与买受人受到损失系基于同一法律事实，可以理解为有因果关系。四是获得利益没有法律上的原因。即买受人取得涉案房屋的所有权及承继租赁合同出租人的权利义务均通过司法拍卖方式取得，并非与原权利人达成合意转让，故原权利人财产的增加并没有法律上的原因，见图5。

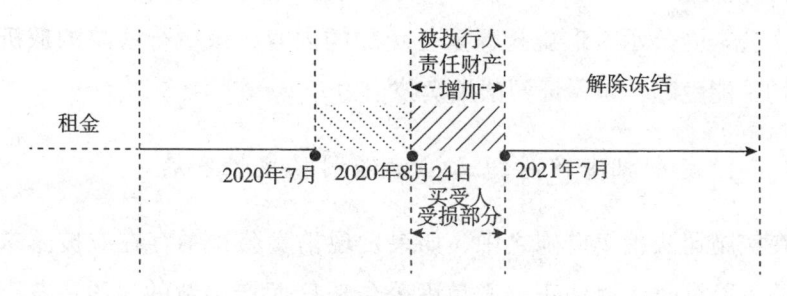

图4 不当得利示意图（一）

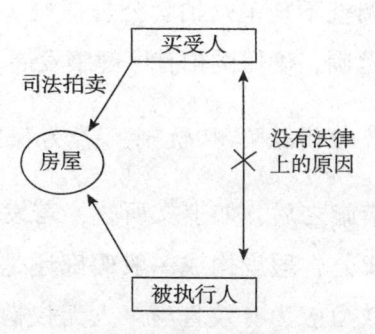

图5 不当得利示意图（二）

四、困境纾解：拍卖公告瑕疵引发纠纷的应对模式构建

（一）坚守主体职责，切实维护司法公信力

在实施司法拍卖措施之前，应严格落实《最高人民法院关于进一步规范人民法院网络司法拍卖工作的通知》各项要求，做到"切实做到全面、准确披露标的物信息"。执行法官应当坚守主体职责，勤勉尽职、全面、准确地调查拍卖标的；应当穷尽措施调查拍卖房产的现状、权利负担、附随义务等瑕疵情况；应当充分披露调查事项，尤其是对于竞买人的权利义务有实质影响的重要事项，要消除信息不对称，杜绝信息优势方利用其优势地位进行机会主义行为使竞买人利益受损；应当严格适用

瑕疵担保豁免，如果执行法院未尽职调查及充分披露的，无论其是否已在拍卖公告内公示有瑕疵担保责任免除的内容，该执行法院的瑕疵担保责任均不能免除，以保证司法拍卖公信力。

(二)定期抽查及时纠正，确保网拍良性发展

在实施司法拍卖措施之中，如果发现拍卖公告中存在应披露未披露情形的，要及时予以纠正，避免因公告瑕疵而产生新的纠纷；各高、中级法院要对辖区内法院发布的拍卖公告进行定期抽查，集中筛查、甄别网拍过程中人民法院调查不规范、拍卖公告瑕疵、司法腐败等问题并纳入"一案双查"工作范围，确保网拍有序健康发展。

(三)"执行救济与诉讼"双轨制，着力保障当事人合法利益

在实施司法拍卖措施之后，如上文所述，若发现存在拍卖公告瑕疵情形，首先要区分拍卖公告瑕疵构成一般瑕疵还是严重瑕疵，如果构成一般瑕疵，司法拍卖效力应为有效且当事人无权撤销，同时适用《网拍规定》第15条，即执行法院对拍品不承担物的瑕疵担保责任。

如果构成严重瑕疵，当事人及利害关系人有权选择是否向执行法院提出撤拍的异议请求。若依据《网拍规定》第31条提出撤拍的，对于当事人的实际损失，可以通过国家赔偿程序予以救济。若当事人不提出撤拍的，应采用"执行救济与诉讼"双轨制，路径如下：一是可以选择通过执行程序寻求救济，即申请执行监督或提出执行异议，达到尽快停止违法行为，减少利益受损的目的，最大限度发挥执行救济措施的制度价值。比如，拍卖公告虽记载"法院不负责清场"的内容，当事人仍可以向上级法院申请执行监督，要求执行法院对拍卖的房屋实施清场的执行措施；拍卖公告未披露房屋租金被冻结等重要信息的，当事人仍可以向人民法院提出执行异议，要求人民法院及时解除相关的执行强制措施。二是向相关责任主体寻求诉讼救济，以弥补实际的损失。需要说明的是，执行救济与诉讼两者并不矛盾，两者侧重点不同，不可相互替代。执行

救济程序是一种内部救济途径，更侧重于对错误行为的快速纠正、及时消除争议，以保证执行的正确与高效。而诉讼更侧重于当事人之间法律关系的认定，损害结果、因果关系等实体上价值判断，确保无人因拍卖公告瑕疵而获取不当利益，着力弥补当事人的实际损失，故当事人可以同时进行，具体路径见图6。

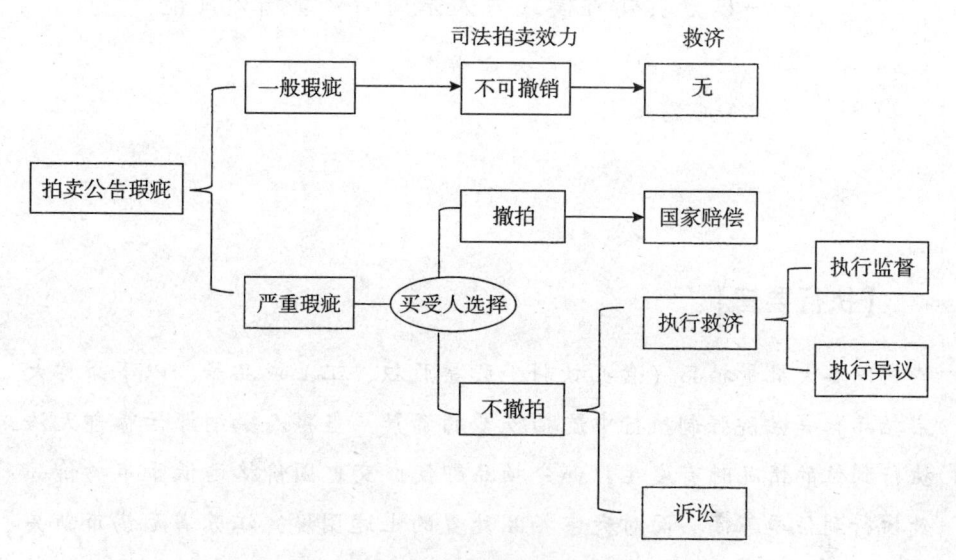

图6 拍卖公告瑕疵困境纾解

张某亮与兴瑞华祥控股有限公司股票交易纠纷案
——以分拆处置模式为大宗商品处置增效促能

方庆富[*]

【执行要旨】

同类大批量拍品（食品饮料、股票股权、工业成品等，以下简称大宗拍品）是法院强制执行中流拍较多的资产，当事人缴纳评估费却无法执行到位的情况时有发生，部分拍品即使成交也因价格远低于市场价导致执行到位率不高。面对大宗拍品处置的上述困境，江苏省无锡市新吴区人民法院创新使用分拆处置模式，将待处置拍品分为若干基本分拆单位，降低起拍价，由竞买人对基本分拆单位自行申报竞买数量以参与竞买，从而降低参拍门槛，"引入活水"，充分竞争，有效提升处置质效。

【案情】

张某亮与兴瑞华祥控股有限公司（以下简称兴瑞公司）股权转让纠纷一案中，因兴瑞公司未按约履行转让款，故张某亮向法院提起诉讼。2022年，法院最终判决兴瑞公司支付张某亮股权转让款及违约金。判决生效后，兴瑞公司并未履行义务，张某亮向法院申请执行，执行标的约4000万元。

---

[*] 江苏省无锡市新吴区人民法院执行局实施科副科长。

江苏省无锡市新吴区人民法院（以下简称新吴法院）于诉讼过程中查封了被执行人名下盐湖股份62万股，执行中该部分股票市值约1200万元。本案中新吴法院创新使用大宗拍品分拆处置模式，即在一次拍卖中将大宗拍品拆分成若干个基本单位进行拍卖。

经合议庭合议确定，以该股票在开拍日前二十日均价19.41元作为评估价，并在此价格基础上以8折起拍。为处置方式有所比较，一个以60万股分拆成500股为拍品，一个以2万股为拍品，均通过京东拍卖平台发布司法拍卖股票公告，经三十日公告期后，于6月20日上午10时准时开拍。在低价起拍、分拆处置的新模式等因素的加持下，本次拍卖在该股的股民群、股吧等迅速引起了关注和热议。拍卖页面显示，整场拍卖吸引了近7000人围观，设置关注提醒109人，报名人数37人，竞价次数高达359次，成交价相比同时段二级市场价格18.9元，仅有1%的折价，相比起拍价溢价约190万元。

与同时开拍的2万股拍品形成鲜明对比，该拍品页面围观2541人，设置关注提醒77人，报名人数仅11人，竞价仅22轮。

而与2023年以来京东拍卖平台上成交的股权标的平均数据相比，此次分拆处置的竞拍数据同样十分亮眼，关注提醒人数涨幅超179%，竞价次数涨幅超8.7倍，报名人数提升更是高达11.3倍。从数据可以直观看出两种竞拍方式下的热度差距，分拆处置新模式的"吸睛力"及"吸金力"具有绝对的优势。

【典型意义】

一、"敢为人先"，能动司法需要敢想

能动司法是回应型、服务型、主动型司法，司法应当积极主动地回应其社会需求和人民关切。面对新时代日益发展，新的问题层出不穷，这同时要求司法机关要以勇于创新、不断发展的眼光和手段迎头解决司法问题及社会问题。如果说从传统拍卖到网络拍卖，是司法工作拥抱互联网的重要一步,那么分拆处置就是网络拍卖的一次深化,是"互联网+执行"的一次探索。

首先,根据《最高人民法院关于人民法院民事执行中拍卖、变卖财产的规定》(2020年修正)第15条规定:"拍卖的多项财产在使用上不可分,或者分别拍卖可能严重减损其价值的,应当合并拍卖。"这从法律规定上对于整体拍卖作出了规定,但对分拆拍卖未予禁止,而且根据文意,在不严重减损其价值的情况下可做优选。

其次,为应对司法实践中对于分拆处置缺乏平台支持和成交后交付困难,新吴法院主动与拍卖平台对接后经过前期磋商拍卖方案,解决拍卖中的技术难题,促成了分拆处置模式的落地,尤其是本次处置的资产系股票,作为一种无形资产,具有交割方便、所有权明确等特点,作为分拆处置的首次尝试具有先天优势。

基于上述考虑,新吴法院贯彻落实能动司法要求,明确"主动创新,敢为人先"的工作思路,主动打破路径依赖,从"投石问路"到"大步前进",积极探索大宗拍品分拆处置新模式。

二、"敢破难题",解决问题需要多想

分拆处置模式落地后,实际操作中遇到的问题主要包括定价和定量两个方面。

(一)定价机制

起拍价:拍品定价和确定起拍价是拍卖的重要环节,通过查阅淘宝平台、京东平台上同类财产的拍卖公告进行统计分析,承办法官发现定价机制上较少法院采用评估方式,较多法院尤其是北上广等经济发达地区法院采用待处置股票司法处置公告日前二十个交易日收盘均价。合议庭评议过程中认为,大宗商品的定价一般应按照双方议价确定或者评估方式确定,考虑到评估流程的周期和成本,股票处置采用取均值的固定方式既能缩短周期、降低成本,定价上也符合市场波动规律,又能真实

客观反映待处置股票的实际价值。

加价幅度：合议庭考虑本次处置标的物系流通股，评议确定参照深交所股票交易规则，最小加价幅度为 0.01 元。

保证金：根据拍卖规定，保证金的数额由人民法院确定，但不得低于评估价或者市价的 5%。在分拆处置模式下，经合议明确，保证金以每最小单位（如 1 股）计，按照拍品定价的 20% 确定为 3.6 元/股，按照竞拍的数量确定，例如，竞拍 1000 股，则账户内保证金需有 3600 元。

（二）定量机制

总量：使用分拆处置的情形，区分有形资产和无形资产，执行中是否适合分拆主要考虑买家数量较多情况下的交付障碍即可。合议庭评议过程中也参考了江苏高院、北京高院、深圳中院相关执行指导意见中对于流通股的处置规则。江苏高院、北京高院未对数量作出限定，深圳中院明确：（1）拟变价股票数量占上市公司总股本比例为 5% 以上（含本数），或者股票长期停牌（六个月以上），采取网络司法拍卖方式进行变价；（2）拟变价股票数量占上市公司总股本比例为 5% 以下（不含本数），符合大宗交易条件的，可以指令所托管的证券公司营业部在合理期限内以大宗交易的方式卖出；不符合大宗交易条件或者大宗交易后的剩余股票，可以指令所托管的证券公司营业部在三十个交易日内通过集中竞价方式卖出。本案合议庭查阅淘宝平台、京东平台上同类财产的拍卖记录，拍品的起拍价与成交率成反比。合议庭评议认为本案可以将拟处置的股票分为两个对照组，一组采用 2 万股为一个拍品，一组使用分拆拍卖，同时在同一拍卖平台进行。

最小申报数量：根据拟处置股票的数量及市场价格等相关因素综合确定最小竞买股票束为基本分拆单位。合议庭在确定基本分拆单位时认为，每个最小单位的市场价格过高则导致竞买参与门槛抬升，失去分拆处置的本意。比值过低则会导致分拆过于零散，从而增加股票处置时间成本，使得处置程序变得冗长，降低处置效率。合议庭认为，以 500 股为最小申报数量，起拍价略低于 10000 元的标准为宜。

在上述两个机制确定后，考虑分拆处置模式下可能出现需要出具大量成交文书，影响办案时间，并对后续案件适用此种模式的积极性造成影响，新吴法院决定优化竞买成交规则。竞买成交规则根据价格、数量、时间三重维度进行锁定的，由系统自动匹配完成。分拆处置中同一标的物支持多人获拍，实际获拍数量以标的物的处置数量以及所有竞买人最后一次出价金额、出价数量和出价时间而定。首先是价高者得，在出价金额一致的情况下则申报数量多的人优先获拍，如果出价金额、申报数量均一致，则出价时间早的人优先获拍。拍卖过程中，竞买人可以实时看到自己竞拍的标的处于领先部分的数量和单价。本次拍卖中，虽然参拍人数较多，因数量机制的介入，最终仅有 5 人竞得拍品，工作量并未大幅增加。

三、"敢闯新路"，拓宽思路需要再想

分拆处置机制在设计之初的本意就是打通同一类大批量商品的处置渠道，使得钢铁、设备及库存成品等财产得以在司法处置中尽早进入流通环节。因此除了在执行领域，在执破融合等领域，分拆处置机制更是可以作为去库存的利器，将原来需要多轮降价拍卖的破产资产卖出去，卖得更好，提高债权人的受偿率。

实践中大宗财产处置还涉及仓储存放、拍品打包、物流配送等更多环节。为了在探索创新的同时保障执行质效，新吴法院还将充分发挥互联网平台的线下服务优势，以"互联网+执行"机制满足法院就近进行电器、机械、车辆等实物拍品的存储保管等需求。在拍品成交后，互联网平台还将协助法院，提供分拆打包、物流发货、运输配送等服务，将拍品安全、快速地运送至买受人手中。

从线上分拆处置系统的创新，到线下多元化的配套服务加持，意味着在"互联化+执行"的处置模式下，新吴法院借力互联网平台搭建起了一套覆盖处置全流程的完整链路，将有效实现法院执行"加速度"、处置变现"减难度"，实现政治效果、法律效果、社会效果的有机统一。

【执行信箱】

补充赔偿责任人能否向连带责任保证人主张先诉抗辩权

Q问 某生效判决确定：（1）主债务人偿还本金及利息；（2）连带责任保证人对主债务人应偿还的本金及利息承担连带清偿责任，承担责任后有权利向主债务人追偿；（3）补充赔偿责任人对不能归还部分承担二分之一的赔偿责任。经人民法院强制执行，主债务人不能履行，能否直接执行补充赔偿义务人？补充赔偿责任人能否对连带责任保证人主张先诉抗辩权？

答 人民法院应当严格依照执行依据确定的内容开展执行活动。因此，主债务人不能履行时，能否直接执行补充赔偿义务人，取决于生效判决第三项中"不能归还部分"如何理解。若"不能归还部分"是指主债务人不能归还，则主债务人不能执行时，即可对补充赔偿责任人强制执行；若是指主债务人和连带责任保证人不能归还，则应当待主债务人和连带责任保证人均不能履行时，再执行补充赔偿责任人。各方当事人对执行依据内容存在较大争议，人民法院执行人员亦认为执行依据内容不明的，应当根据《最高人民法院关于人民法院立案、审判与执行工作协调运行的意见》第15条的规定，书面征询审判部门的意见。需要注意的是，连带责任保证人清偿后，主债务人的债务相应消灭，因此即便可以直接执行补充赔偿责任人，也需要注意与执行连带责任保证人之间的协调问题，避免申请执行人重复受偿。

就实体规定而言，民法典第六百八十七条规定"一般保证的保证人在主合同纠纷未经审判或者仲裁，并就债务人财产依法强制执行仍不能履行债务前，有权拒绝向债权人承担保证责任……"，此处的债务人应指负担原生债务的主债务人。[①] 因此，一般保证人的先诉抗辩权通常应不得对连带责任保证人主张，除非当事人另有约定。

[①] 最高人民法院民法典贯彻实施工作领导小组主编：《中国民法典合同编理解与适用（二）》，人民法院出版社2020年版，第1316~1317页。

后　记

　　《执行工作指导》是最高人民法院执行局主办的季度性连续出版物，在指导全国法院执行工作实践，为一线干警提供有针对性和权威性业务指导方面发挥了重要作用。本辑《执行工作指导》的顺利出版离不开各方的大力支持、通力合作。感谢陈晓宇、王雪梅、李伟凡、李莎、周凯雯、常跃、邵凯琦、谷雨龙等同志对本辑编辑、校核工作付出的努力。同时也感谢人民法院出版社对本辑出版的辛勤付出！

——征稿启事——

《执行工作指导》是最高人民法院执行局编发的业务指导出版物，主要刊登最新执行政策与精神、执行裁判规则、执行典型案例、执行理论研究成果，旨在促进全国法院执行干警准确掌握法律精神、助推执行工作、繁荣执行理论。

本书所设主要栏目及其情况如下：

【执行局长论坛】刊登最高人民法院执行局局长和地方法院执行局局长关于执行工作的理论思考、热点研究、实证分析类的文章。

【最高人民法院执行局法官会议纪要】选择最高人民法院执行局法官会议讨论过的具有典型性和指导意义的案件进行刊登。

【最高人民法院执行裁判规则疏议】对最高人民法院裁判文书确定的规则进行梳理和解读。

【最高人民法院案例与解析】刊登最高人民法院具有指导价值的案例。

【地方法院案例与解析】刊登地方法院具有典型性和推广价值的案例。

【执行热点前沿】刊登强制执行领域优秀学术论文、理论研究成果，介绍域外制度。

【调研与实证】刊登强制执行领域优秀调研报告、实证研究成果、经验总结和改革创新动态。

【执行管理和信息化专题】刊登执行指挥中心实体化运行、执行管理和执行信息化方面的动态、成果及前沿问题探讨。

【民事强制执行热点】刊登民事强制执行法起草过程中的理论研究

成果及前沿问题探讨。

【执行信箱】刊登各地法院执行工作中遇到的代表性问题及最高人民法院执行局答复意见。

本书诚邀全国各级法院同仁和专家学者撰稿。来稿要求如下：

1. 具有较强的典型性、创新性和指导价值。

2. 具有原创性，因稿件引起的任何版权纠纷由投稿人负责。

3. 撰写格式请参照本书相关部分的内容，注释援用《中国法学》体例。

4. 其他栏目来稿，请以电子邮件形式发送至 zhixingcankao@sina.com。邮件标题处请标明稿件所属的投稿栏目和作者单位、姓名。格式为："执行信息化专题-××省高级人民法院李××"。在稿件正文后，请详细提供如下信息：标题、作者姓名、单位全称、通信地址、邮政编码、联系电话、电子邮箱地址及身份证号码，以便于联系和邮寄稿费。

5. 本书所采稿件，按照规定支付相应稿酬。因缺少支付稿酬所需账号等原因尚未收到稿酬的，请与本书编务组联系。

《执行工作指导》编委会